Für Isabelle
und alle guten Wünsche
für unsere Power-Zu-
kunft!
Nov 2018   Monika Stocker

«Social advance depends as much upon the process through which it is secured as upon the result itself.»

Jane Addams
Geboren: 6. September 1860, Cedarville, Illinois
Gestoben: 21. Mai 1935, Chicago, Illinois
1931 Friedensnobelpreis

Monika Stocker

MITTENDRIN

FÜNF JAHRZEHNTE SOZIALARBEIT 1968-2018, EIN LESEBUCH MIT GESCHICHTE UND GESCHICHTEN

Vorwort von STADTRAT RAPHAEL GOLTA, VORSTEHER DES SOZIALDEPARTEMENTS DER STADT ZÜRICH

Auf den kommenden Seiten gibt Monika Stocker einen persönlich geprägten und anschaulichen Ein- und Überblick über die letzten 50 Jahre der Sozialarbeit und -politik, nicht nur, aber vor allem in der Stadt Zürich. Der für das Buch gesetzte Titel "Mittendrin" weist dabei schon auf ein ganz wesentliches und entscheidendes Charakteristikum des Sozialen hin: die unmittelbare und direkte Abhängigkeit von gesellschaftlichen Entwicklungen. Sozialpolitik kann nicht im theoretischen Elfenbeinturm oder am Reissbrett geplant und dann in praktische Arbeit umgesetzt werden. Sozialpolitik wird für Menschen gemacht und stellt den Menschen mit seinen Bedürfnissen ins Zentrum: Hinter jedem Einzelfall steht ein persönliches Schicksal, eine Lebensgeschichte, individuelle Sorgen, Nöte und auch Wünsche. Eine Lösung ab der Stange sucht man in der Sozialarbeit darum meist vergeblich. Es gilt, Rücksicht zu nehmen auf Befindlichkeiten und Umstände – von Betroffenen aber auch von der Gesellschaft. Damit die Schwächsten in unserer Mitte nicht unter die Räder kommen, braucht es darum transparente und nachvollziehbare Entscheidungsgrundlagen. Nur so wird unser Solidarsystem von der Mehrheit mitgetragen und behält seine Legitimation.

Die Sozialpolitik der Stadt Zürich hat in den vergangenen Jahrzehnten wie kaum ein anderer politischer Bereich gezeigt, dass sie vorausschauend, lösungsorientiert und anpassungsfähig genug ist, um adäquat auf gesellschaftlichen Wandel zu reagieren. Als Paradebeispiel dafür kann der fundamentale Paradigmenwechsel in der Drogenpolitik in den 1990er Jahren genannt werden. Der damals eingeschlagene

Weg war völlig neu – weg von der reinen Repression hin zu mehr Schadensminderung. Das daraus entstandene Konzept der Vier-Säulen-Politik geniesst bis heute weltweit grosse Anerkennung. Möglich war dies auch geworden, weil sich die gesellschaftliche Bild von Drogenabhängigen angesichts des offensichtlichen Elends am Platzspitz und am Letten stark gewandelt hatte. Diesen Spielraum hat Monika Stocker dazumal erkannt und genutzt und er prägt die Stadtzürcher Drogenpolitik bis heute – zum Wohle der Betroffenen und der Gesellschaft.

Auch heute bestimmen gesellschaftliche Trends die Handlungsfelder der Sozialpolitik: So ist der Ausbau der familienergänzenden externen Kinderbetreuung nötig geworden, weil die Erwerbstätigkeit von Müttern heute individuell und gesellschaftlich gewünscht ist und in der Folge auch stark zugenommen hat. Und die Abschaffung von Sanktionen bei Sozialhilfebeziehenden, die faktisch keine Chance auf einen Job im ersten Arbeitsmarkt haben, trägt den immer höheren Ansprüchen eben dieses Arbeitsmarktes konsequent Rechnung: Denn wenn es schlichtweg nicht genug Arbeitsplätze für unsere Klientinnen und Klienten gibt, ist Zwang das falsche Mittel. Neue Lösungen müssen her! Und es ist nun Aufgabe der Politik mit dem Tempo der gesellschaftlichen Veränderungen Schritt zu halten und das Heft des Handelns auch in herausfordernden Situationen nicht aus der Hand zu geben.

Ich stelle mich in die Warteschlange vor dem Büro, das gross mit „Einschreiben" überschrieben ist. Eine junge Frau kommt auf mich zu: bist du neu? Ja klar, sage ich. Komm doch mal mit. Schon entführt sie mich in einen Seminarraum, bei dem gerade eine Sitzung der organisierten Studentenschaft stattfindet. Man diskutiert den Einschreibestreik. Die Universität Fribourg hatte die Gebühren doch massiv – so schien es den Debattierern – erhöht. Sie wollen erreichen, dass mit ihnen über die Verwendung der Mehreinnahmen gesprochen oder aber, dass die Erhöhung zurückgenommen werde. **ALS SCHWEIZERIN HATTE ICH NOCH IMMER KEIN STIMMRECHT, HIER ABER WAR ICH, WAR MEINE MEINUNG GEFRAGT.** Ich höre interessiert zu, ich bin im Studentinnenleben und im Jahr 1968 angekommen. So und jetzt? Wage ich es mitzumachen?

Ich gehe zur zweiten Veranstaltung an diesem ersten Tag, jene, meiner Fachschaft, der Studierenden der Sozialen Arbeit. Hier ist es mir gleich wohler. Herzliche Aufnahme, offene Gespräche über die Hoffnungen und Ängste, Realitätssinn und schliesslich das Bestimmen unserer Delegation, die bei den organisierten Studenten mitmachen würde und uns wieder informiert. Ich bin angekommen in meinem Berufsfeld, dem zukünftigen, wo vermitteln, Gespräche im Zentrum stehen würden. Das gefällt mir. Da bin ich richtig.

Inhalt

TEIL 1
„Lehr- und Wanderjahre", Einstieg in die Politik 9

Praxis 23

Nationalrat 1987-1991 29

Frauenanliegen – Frauenpolitik 43

TEIL 2
Als Sozialarbeiterin in der Exekutive
der grössten Schweizer Stadt 70

Die Drogenszene – eine Gefahr für Zürich 74

Soziale Grundversorgung und ihre Organisation 95

Arbeit statt Fürsorge – Der ergänzende Arbeitsmarkt 118

Projekt Soziokultur 132

TEIL 3
2006-2018
Missbrauchsdebatte und ihre Folgen –
Zusammenarbeit mit den Medien 145

Die Kampagne 146

Die Kampagne verändert alles 160

Die Medien 166

TEIL 4
Wieder Selbstständig – Atelier Monika Stocker 175

Studium in angewandter Ethik 178

Autorin 182

Visionen, Ideen, Stolpersteine 186

TEIL 1

„LEHR- UND WANDERJAHRE", EINSTIEG IN DIE POLITIK

Meine Lehr- und Wanderjahre sind geprägt von Studium, Praktika, ersten Arbeitsstellen, die Erfahrungen in verschiedenen Rollen, inklusive eigenes „Geschäft". Sie schärften meine Berufsidentität.

Meine politische Identität, gefördert durch 1968, bekam Kontur. Engagiert in der Frauen- und Friedensbewegung setzte ich mich mit Macht und Ohnmacht auseinander und entschied mich schliesslich doch für den „Gang durch die Institutionen". Ich wurde Nationalrätin der Grünen.

DIE JAHRE 1968-1994

1968 also der Start

Die Geschichte der Sozialarbeit - meine Geschichte - beginnt für mich 1968 mit der Ausbildung zu meinem Beruf als Sozialarbeiterin. Ich war durch die Jugendarbeit, durch die Debatten im Gymnasium und durch die ersten Leserinnenbriefe zum „Aufstand der Jugend" sensibilisiert und neugierig. Ich hatte in einem Heim für behinderte Kinder gearbeitet. Durch die Kurse, mit denen ich mich zur Jugendgruppenleiterin qualifizierte, lernte ich auch viel über Entwicklungspsychologie, Gruppendynamik, Devianz und es gefiel mir. Nicht zuletzt wurde ich die ersten 20 Jahre meines Lebens, durch den Beruf meines Vaters, der Kriminalpolizist war, mit scheinbar unverständlichen Verhaltensweisen von Menschen konfrontiert. Die Debatte darüber am Familientisch schulte meine Wahrnehmung und selbstverständlich stellte ich mich während der Pubertät in Opposition zum „Das geht nicht" Diktat. Ich lernte argumentieren und wurde - zum Glück - gehört. Meine Argumente wurden widerlegt, was mich zwang diese zu schärfen.

1968 war auch mein politisches Geburtsjahr. Es ist für meine Generation nicht einfach, jemandem zu vermitteln, was dieses Jahr bedeutet, resp. für was es steht und was es in so Vielen von uns auslöste. Es war, - um es mal sehr salopp zu sagen - wie wenn endlich der Zapfen der Sektflasche weg spickt. Es fliesst, prickelt, schäumt, belebt und gibt Energie.

Das Prickeln war ansteckend, erfasste Tausende von Jugendlichen, ebenso nicht mehr ganz junge Menschen, erfasste die Schulen, die Hochschulen und führte mindestens in den europäischen Hauptstädten zu einer Welle des Aufbruchs und der Hoffnung. Auf einmal schien viel, ja gar alles möglich. Die Energie, die jahrelang in hergebrachten, scheinbar für die Ewigkeit gestalteten Strukturen blockiert war, floss und überschwemmte. Die verstopften Utopien wurden lebendig, die Möglichkeiten, die Welt anders zu sehen, sie gerechter, friedlicher, freundlicher zu machen, schienen in Griffnähe. Autoritäten waren nicht mehr unumstösslich.

1968 war es immer noch eine Pionierleistung, dass Soziale Arbeit auch an einer Hochschule, an der Uni Fribourg, gelehrt und gelernt werden konnte. Pioniere (es waren tatsächlich Männer) hatten darauf hingewirkt, dass auch in der Schweiz die Sozialarbeit ein Hochschulfach werden kann. Vielleicht war es eine Hilfsfunktion, sie vorerst Caritaswissenschaft zu nennen. Damit wurde sie an der Hochschule Fribourg, einer katholischen Hochschule, wohl akzeptabel und man begann diesen Studiengang aufzubauen und einzuführen.

Mich lockte die Innovation, wie sie die Universität Fribourg anbot. Der Aufbau des Lehrganges wurde zum grossen Teil mit den Studierenden vorangetrieben. Ich wurde im 2. Semester Sprecherin der Fachschaft und konnte an vorderster Front dabei sein. Da galt es mit dem Dekanat, den Professoren und den engagierten Assistentinnen und Assistenten den Lehrgang zu präzisieren, die Ressourcen aus andern Fakultäten nutzbar zu machen. Das verlangte eine klare Zielsetzung, überzeugende Argumente und auch ziemlich viel Hartnäckigkeit. Nicht alle Fakultäten, nicht alle Professoren aus der weit gefächerten theologischen Fakultät zum Beispiel waren begeistert, dass ein Studiengang Sozialarbeit ihre Moral- und Pastoraltheologen herausfordern sollte. Mehrheitlich aber wurden wir unterstützt. Ich lernte viel.

1968 bedeutete für mich wie für viele eine Aufnahme in eine neue Welt. Das mag aus heutiger Sicht masslos übertrieben scheinen. Es wurde aber von Vielen meiner Generation so erlebt.

Eine kleine Reminiszenz mag das zeigen. Ich erinnere mich an die Standing Ovation, als der Rektor bei der Begrüssung der neuen Studentinnen und Studenten in der Aula, neben einem Gebet zum heiligen Geist (ja, auch das gehörte zur Kultur dieser Hochschule), ernst und engagiert meinte: „Ich begrüsse ganz besonders jene Frauen und Männer unter Ihnen, die keine Heimat haben. Ich hoffe und wünsche, dass Sie hier an der Universität ein Stück Heimat gewinnen und bitte Sie alle, dazu beizutragen. Das ist unsere Pflicht." Die Uni Fribourg gewährte vielen Flüchtlingen, Kriegsvertriebenen und jungen Menschen aus armen Ländern mit Stipendien eine Zukunft. Mir tat dieser Aufruf gut und bestärkte mich: Wir sind die kommende Generation, wir müssen etwas tun. Heute, 50 Jahre später, scheint dieser Aufruf wirklich „aus einer andern Zeit" zu stammen.

Der Aufbruch

Der Aufbruch an den Hochschulen war enorm. Er wirkte natürlich auch auf die Mittelschulen, die Berufsschulen und auch auf die Schulen für Sozialarbeit. Es gab intensive Debatten zur Weiterentwicklung, in der Forschung und Lehre aber selbstverständlich auch in der Praxis der Sozialarbeit. Die Schulen für Sozialarbeit veränderten sich. Es kamen mehr Männer in diese Schulen, mehr Dozenten; Soziologie, Politikwissenschaften wurden zu selbstverständlichen Fachinhalten und rasch wurden die Rektorate von Männern besetzt. Viele Organisationen, die von Frauen gegründet und Jahrzehnte geleitet und weiterentwickelt wurden, wurden nun „übernommen" unter dem Titel „der Moderne" und der „Weiterentwicklungen", die ganz einfach auch Enteignungen waren. Die zum Teil traurigen und unglaublich reaktionären Abläufe solcher Prozesse sind bekannt. Daran änderte sich auch 1968 nichts. Das dauert ja bis heute, wo Carearbeit keine Arbeit im ökonomischen Sinn ist. Arbeit ist, was sich lohnt mit Cash und Output. Fürsorge ist da nicht gemeint.

Es war ein böses Erwachen, als wir nach dem Studium in die Praxis gingen. Wir fanden zwar alle sofort Stellen. Aber sehr bald waren wir Frauen die Untergegebenen unserer männlichen Kollegen und die Definitionsmacht, was Sozialarbeit ist und heute sein soll, wurde von ihnen übernommen. Das ging ganz schnell. Die Positionsmacht der Sozialarbeit verbesserte sich, weil es Männer waren, die die Wortführer wurden. Es gab höhere Löhne und die gescheiten Sätze im Jargon jener Jahre wurden salonfähig. Es war manchmal zum Lachen, sehr oft aber zum Weinen. Sozialarbeit – lange Zeit über weite Strecken ein Frauenberuf – wurde nun verwaltungstechnisch, wissenschaftstechnisch und administrativ perfekt in die Welt des „Gängigen" integriert. Was in meinem Empfinden mit 1968 so emanzipatorisch und hoffnungsvoll begonnen hatte, wurde schnell banal und patriarchal, wenn auch in neuer Terminologie.

Aufbrüche in der Praxis
Doch vorerst veränderte sich in der Praxis viel Althergebrachtes. So wurden die alten Gesetzgebungen in der Sozialhilfe, noch an vielen Orten Fürsorgerecht oder Armenrecht genannt, in Überarbeitung geschickt. Da und dort hatte die 68er Welle mit der Kritik am obrigkeitlichen Gehabe des Staates eine Dammbruchfunktion. Die Psychiatrie, wo oft über Jahrzehnte Menschen interniert waren, weil sie „auffällig" waren, kam in Kritik. Wo ist die Wissenschaftlichkeit? Wo die Diagnose? Welche Therapien wurden angewandt? Waren die Menschen Versuchskaninchen oder Ballast, den es aufzubewahren gilt? Da gab es heftige Dispute bis hin zur „Offenen Psychiatrie", wo etwa in Italien die Kliniken „abgeschafft" wurden. Nicht, dass damit das Elend der psychisch kranken Menschen gelöst und gelindert worden wäre! „Erziehungsanstalten" wurden völlig umgekrempelt, Körperstrafen verurteilt, die Sozialpädagogik eroberte die Anstalten aller Art. Mit der Invalidenversicherung wurde Eingliederung grossgeschrieben und viele Heime modernisiert, baulich und in ihrer Kultur.

Die Aufbruchstimmung war in den Institutionen angekommen. Das Menschenbild, die Verantwortung den benachteiligten Menschen gegenüber, war in Veränderung. Der obrigkeitliche Versorgerstaat war vorbei. Noch heute zeigen sich Nachwirkungen in den Aufarbeitungspublikationen zu jener Zeit.

Auch in meiner späteren Rolle als Vorsteherin des Sozialdepartements der grössten Schweizer Stadt stand ich in der Pflicht der Aufarbeitung. Ich veranlasste 2001/2002 einen Bericht über die Realität der Zwangsfürsorge in Zürich[1]. Der Bericht wurde veröffentlicht und zeigt, dass auch bei uns fürsorgerische Zwangsmassnahmen und „Versorgen" immer vorgekommen sind, mit aus heutiger Sicht kaum professionell sachlichen Diagnosen. Jemand stört, das reichte.

Gutmachen kann man das nicht, was da den manchmal schwächeren, sehr oft aber eigenwilligen, starken Menschen angetan wurde. Ich konnte auch nicht mehr tun, als mich in aller Form für die Vergehen und teilweise Verbrechen zu entschuldigen. Ich wollte mich aber auch verpflichten, dass das nie wieder geschehen darf.

So wurde allmählich in den 70er Jahren aus dem obrigkeitlichen Versorgerstaat ein Fürsorgestaat, dessen Pflichten abgerufen wurden und wo Professionelle der Sozialarbeit zunehmend eine Rolle spielten. Das Vormundschaftsrecht, seit 1911 im Schweizerisches Zivilgesetzbuch (ZGB) festgelegt, wurde hinterfragt und die Vormundschaftsbehörden geschult. Juristen, Sozialarbeiterinnen, sie wurden den Behörden zur Seite gestellt.

Ein persönliches Erlebnis: Mein Mann und ich waren uns bei der Heirat einig, dass wir eine etwas andere Rollenteilung und eine andere Trennung von Rechten und Pflichten wollten, als es im bisherigen Eherecht (es wurde erst in den 90er Jahren

revidiert!!) festgeschrieben stand. Wir setzten einen Ehevertrag auf. Bevor dieser rechtsgültig werden konnte, musste (nur) ich auf die Vormundschaftsbehörde gehen, wo ein Mann mich begutachten musste, ob ich im Vollbesitz meiner geistigen Urteilsfähigkeit sei und ob ich diesen Vertrag auch wirklich verstehe. Ich mag jetzt die Sätze nicht wiederholen. Als ich dann aber selbst von Amtes wegen Präsidentin der Vormundschaftsbehörde war, erzählte ich den Kolleginnen und Kollegen immer wieder mal schmunzelnd diese Episode. Übrigens CHF 100.- musste ich auch noch zahlen, offenbar wurde meine Handlungsfähigkeit diesbezüglich nicht in Frage gestellt.

Bildung, Aufklärung, Schulung
Man war überzeugt, dass Schulung unabdingbar ist. Schulung verbessert Prozesse und entsprechend qualifizieren sich auch die Ergebnisse. Die bestehenden Schulen für Sozialarbeit wurden ausgebaut, neue spezialisierte Ausbildungen kamen dazu.

Zusätzlich zum Diplom der Sozialarbeit erwarb ich anfangs der 70er Jahre das Diplom in Erwachsenenbildung an der eben gegründeten Akademie für Erwachsenenbildung. Meine Abschlussarbeit im Rahmen der Ausbildung in Erwachsenenbildung beschäftigte sich mit der Nahtstelle zwischen Sozialarbeit und Erwachsenenbildung. Wo waren soziale Probleme durch Bildungslücken entstanden? Wo könnte vermehrte Information und Aufklärung präventiv wirken und soziale Probleme auffangen, bevor sie sich als solche manifestieren? Wie lässt sich durch Bildungsarbeit, insbesondere für Erwachsene jeden Alters und jeder Schicht auch die Sozialarbeit entlasten?

Später bei meiner Vision für Sozialzentren, träumte ich davon, dass dort vierteljährliche Informationsveranstaltungen stattfinden würden, wo wir die Leute informieren, was Sozialhilfe ist, wie sie funktioniert, wann sie kommen sollen (nämlich rechtzeitig) und was sie dabei an Unterlagen mitbringen müssen. Ebenso stellte ich mir vor, dass dort z.B. Informationsabende für Alleinerziehende, zusammen mit spezialisierten Fachstellen, organisiert werden könnten, damit die Ratsuchenden ihre Rechte und Pflichten kennen und wissen, wie Jugendamt sowie Vormundschaft sie unterstützen können. Eine intensive Zusammenarbeit zwischen Erwachsenenbildung und Sozialarbeit kam nie wirklich zum Tragen. Offenbar waren die Abgrenzungsbedürfnisse der einzelnen Professionen stärker als die erwartete Entlastung durch Zusammenarbeit. Verstehen kann ich das bis heute nicht. Wenn wir ganze Säle füllen, wenn ein Arzt über Kniearthrose informiert, warum soll das nicht in einem kleinen Kreis möglich sein, wenn es um soziale Fragen und persönliche Lebensumstände geht?

Erwachsenenbildung spielte auch in meinem zivilgesellschaftlichen, freiwilligen Engagement eine grosse Rolle. Damals war die „Familienkonferenz[2]" von Thomas Gordon ein Kultbuch für junge Eltern. Mein Mann und ich organisierten in unserer Pfarrei, in andern Gemeinden und Gruppen jeweils zwei bis drei Abende zur Technik der nicht autoritären und doch gezielten Gespräche mit Kindern. Es gab in vielen Kirchgemeinden und Pfarreien Erwachsenenbildungsgruppen, die Kurse, Referate, Debatten anregten. Bildungshäuser, wie die Paulus-Akademie in Zürich und Boldern in Männedorf waren sehr stark frequentiert. Man wollte Neues lernen, verstehen, sich gemeinsam austauschen.

Wohlfahrtsstaatliches Modell – das Verständnis der 70er Jahre

Am Beispiel des Verständnisses von Sozialhilfe

Armut ist ein Skandal
Der Konsens: Armut ist ein Skandal und darf es nicht geben, war damals unhinterfragt. Viele waren auch überzeugt, denn

durch die Weiterentwicklung des Wohlstandes, wird es sowieso keine Armen mehr geben. Sollte es sie dennoch geben, so ist für die Betroffenen so zu schauen, dass niemand sie „bemerkt".

Auch im Kanton Zürich wurde gefordert, das alte Fürsorgerecht zu überarbeiten und den modernen Erfordernissen anzupassen. Als Mitarbeiterin bei der Informationsstelle des Zürcher Sozialwesens in den Jahren 1982-1987 konnte ich diesen Wandel begleiten und mitgestalten. Die Informationsstelle des Zürcher Sozialwesens war eine typisch schweizerische Einrichtung. Kanton, Nichtregierungsorganisationen (NGOs) und private Initiative hatten zur Bildung dieses think tank (so würde man es wohl heute nennen) geführt, der Vordenker, Koordinator und eben vor allem für jedermann Informationsquelle sein soll, um schnell und ohne bürokratische Hürden die richtige Stelle zu finden, die für die Problemstellung adäquat war. Ich lernte das Zürcher Sozialwesen à fonds kennen.

„Die persönliche Hilfe ist ohne Rücksicht auf die finanzielle Lage jedem zu gewähren, der in einer schwierigen Lebenslage Rat oder Betreuung bedarf". Revision der Sozialhilfe im Kanton Zürich.

1969 hatte der Regierungsrat des Kantons Zürich eine Studienkommission für die Neuordnung der Fürsorge im Kanton Zürich (Kommission Bosshardt) einberufen. Die Kommission lieferte 1972 den Schlussbericht und empfiehlt:

„Die Persönliche Hilfe ist ohne Rücksicht auf die finanzielle Lage jedem zu gewähren, der in einer schwierigen Lebenslage Rat oder Betreuung bedarf". Sie schlägt zudem die Schaffung von Gemeindesozialdiensten vor, die „vom Gemeinderat zu bestellen und mit Fachleuten zu besetzen" sind. Er schlägt vor, dass alle Gemeinden einen Sozial-

dienst einzurichten haben, wobei sie die Aufgaben ganz oder teilweise privaten Institutionen überlassen können. Letzteres wurde in der Vernehmlassung abgelehnt. So wurden dann 1978 in einem 2. Entwurf die Gemeinden verpflichtet, die Persönliche Hilfe sicherzustellen, in dem sie Beratungs- und Betreuungsstellen einrichten oder beauftragen".

Nach Vernehmlassung und Debatte im Parlament, wo nur geringfügige Ergänzungen und Korrekturen vorgenommen wurden, kam es zur Volksabstimmung. Am 14.6.1981 wurde das Gesetz über die öffentliche Sozialhilfe ("Sozialhilfegesetz") angenommen.

Am 1.1.1982 trat das Gesetz in Kraft und die Verordnung forderte: "die Leistung Persönliche Hilfe in der Gemeinde muss zwei Jahre nach Inkrafttreten dieses Gesetzes sichergestellt sein", also bis zum 31.12.1983.

Aus Gesetz und Verordnung sind z.B. besondere Forderungen hervorzuheben, die den Zeitgeist des Fürsorgestaates deutlich machen:

§2 „Die Hilfe richtet sich nach den Besonderheiten und Bedürfnissen des Einzelfalles und den örtlichen Verhältnissen".

§2 „Die Durchführung der Hilfe soll in Zusammenarbeit mit dem Hilfesuchenden erfolgen".

§11 der Verordnung: "Gegen den Willen der Hilfesuchenden dürfen keine Massnahmen getroffen werden".

§15 der Verordnung: „Personen, die Hilfesuchende beraten und betreuen, müssen aufgrund ihrer Ausbildung und der bisherigen Tätigkeit dafür geeignet sein".

Die hervorgehobenen Texte zeigen, dass der Geist des Fürsorgestaates ein ganz anderer war, als der zuvor herrschende im obrigkeitlichen Staat. Der Staat wollte helfen, Partner sein, die Selbstbestimmung, die Autonomie des Hilfesuchenden stärken und ihn in seinem Wohnort nicht nur armenpflegerisch versorgen und, wenn immer möglich, loswerden, sondern ihn integrieren. Das waren fast revolutionäre Veränderungen, die sowohl in Parteien wie auch mittels der Strukturen der Gemeinden mitgetragen wurden.

Implementierung des neuen Gesetzes
Die Sozialkonferenz des Kantons Zürich, der Zusammenschluss der Sozialbehörden, beauftragte die Informationsstelle mit der Schulung und Beratung der Gemeinden und der Sozialbehörden. So konnte ich von 1982 bis 1986 wesentlich an der Implementierung der neuen öffentlichen Sozialhilfe mitwirken. Wir organisierten Seminare für die Behördenmitglieder, erabeiteten mit ihnen Fallanalysen und Hilfspläne, zeigten die schon reichlich vorhandenen Hilfsmöglichkeiten kirchlicher und privater Organisationen auf. Die meisten Gemeinden waren damals stolz auf ihre fortschrittliche, moderne Fürsorge- und Sozialpolitik. Im Gesetz wurde der Begriff „ausgebildete Sozialarbeiter/innen" mit der Formulierung „Personen, die dafür geeignet sind" abgeschwächt. Die Professionalisierung schritt dennoch voran. Immer mehr Gemeinden merkten, dass ihre Behördenmitglieder oft überfordert waren und dass das Milizsystem an die Grenzen kommt. Sie schlossen sich mit andern Gemeinden zu regionalen Sozialdiensten zusammen. Damit wurde es dann eher möglich Fachleute einzustellen und die Behördenmitglieder zu unterstützen sowie zu entlasten.

„Revolutionen" auch in den Institutionen
Neben der öffentlichen Sozialhilfe und der Vormundschaftspraxis kamen auch die privaten Organisationen in Zugzwang.

Die grossen „alten" Organisationen der „Pros": Pro Infirmis, Pro Senectute und Pro Juventute kamen in Kritik. Sie mussten sich den kritischen Fragen der Spender/innen stellen und der Mitarbeiter/innen. Am härtesten traf es wohl Pro Juventute, die über Jahre mit ihrem Werk „Kinder der Landstrasse" eine klar obrigkeitliche Eingriffsfürsorge praktizierte, indem sie den Fahrenden die Kinder wegnahmen und sie in Heimen oder bei Pflegefamilien platzierten. Selbstverständlich hatte man damals dafür „Argumente", nämlich das Kindeswohl, doch die andere Wahrnehmung von Autonomie und Vielfalt, von Selbstbestimmung und Toleranz für andere Lebenskonzepte, verurteilte diese Arbeit nun scharf. Über Jahre litten die damaligen Fürsorgerinnen unter dem Gefühl, alles falsch gemacht zu haben, obwohl sie es doch gut meinten... Ein Satz, der noch heute mal lächelnd, mal kritisch in die Waagschale geworfen werden kann: Gut gemeint ist das Gegenteil von gut!

Revolutionäre Veränderungen in den Heimen
Revolutionäre Veränderungen passierten in den Heimen. Der obrigkeitliche Staat setzte Erziehung mit Repression gleich. Wer immer individuelle Entwicklungen zeigte, aus der „Norm" schlug, wurde gemassregelt. Körperstrafen waren ebenso an der Tagesordnung wie wegsperren und einschliessen. Solche Methoden waren doch kaum dem Kindeswohl, der autonomen Entwicklung zugedacht, sondern eher der „Besserung", der Unterwerfung unter eine Norm von Ruhe und Ordnung, die damals Gültigkeit hatte. Die Sozialpädagogik und in der Folge auch die Erarbeitung von neuen Konzepten für die Reintegration, z.B. von jugendlichen Straftätern oder von „liederlichen" Mädchen, wurde Professionellen überantwortet. Auch das gab viel Schmerzen, z.B. bei den kirchlichen Orden, die über Jahrzehnte solche Einrichtungen mit viel Herzblut und eben auch „gut gemeint" geführt hatten, nun angegriffen und verurteilt wurden. Da gibt es Aufarbeitung zu leisten, bis heute.

Ein Beispiel: Ich arbeitete als Sozialarbeiterin in der Klinik Balgrist. Im älteren Trakt der Klinik war ein Wohnheim für schwerbehinderte jüngere Menschen angegliedert. Die Frage, dürfen die „Patienten" Besuch über Nacht haben, erhitzte die Gemüter der ganzen Hierarchie. Selbstverständlich durften sie. Das erforderte von den Fachkräften der Pflege ein ganz anderes Verhältnis zu den zu „Betreuenden". Man klopfte an, bevor man ein Zimmer betrit, fragte nach, ob und wann der Betreffende am Morgen geweckt und allenfalls für die Berufsarbeit bereit gemacht werden soll usw. Was heute als klare Selbstverständlichkeit angenommen werden darf, war es damals ganz und gar nicht.

Die Emanzipationsbewegung im Behindertenbereich erlebte ich hautnah mit. Ich engagierte mich 1981 im „UNO Jahr der Behinderten" als Koordinatorin der Aktivitäten im Kanton Zürich. In vielen Arbeitsgruppen eroberten „wir" Definitionsmacht, z.B. zum Thema Transport, zum Thema selbständig Wohnen, zum Thema Arbeit und Integration. Die Behindertenkonferenz entstand, in der Fach- und Selbsthilfe zusammenarbeiten. Zum Glück besteht sie bis heute. Die Frage: Wo geht es lang, ist immer wieder gefährdet, durch die bekannte Meinung: „Wer zahlt, befiehlt", zu kippen.

Alles ist möglich – alles wächst – alles ist gut: Der Wohlstand prägt die Sozialpolitik
Die Zürcher Stadträtin Emilie Lieberherr, die als erste Frau 1970 in die Zürcher Exekutive gewählt worden war und 24 Jahre das Amt der Sozialvorsteherin innehatte, ist ein herausragendes Beispiel für das Verständnis von Sozialpolitik in den 80er Jahren: der Wohlfahrtsstaat ist da und ermöglicht (fast) alles.

Emilie Lieberherr entfaltete eine sehr intensive (Bau-)Tätigkeit für Einrichtungen für die Betagten. Es zeigte sich auch, dass die ebenfalls am Wohlfahrtsstaat orientierte Gesundheitsversorgung den Menschen ein längeres Leben ermöglicht und ebenso, dass die beginnende Mobilität die Familien auseinanderriss. Kein alter Mensch konnte selbstverständlich annehmen, dass die Kinder und Kindeskinder für sie sorgen würden. Die Wohnverhältnisse waren zudem knapp und mehr Wohnflächen wurden beansprucht. Eine Mehrgenerationenfamilie war da nicht vorgesehen. In ihrer 24 Jahre dauernden Amtszeit liess Frau Lieberherr 15 Altersheime bauen und gründete die „Stiftung Wohnen für Betagte". Die Dienstleistungen für die Seniorinnen und Senioren entwickelte Frau Lieberherr bedeutend weiter und förderte diese Angebote. Ein Seniorenamt wurde geschaffen, wo Kurse, Freizeitaktivitäten und vieles mehr für die Generation der Seniorinnen und Senioren bereitgestellt wurden. Die alten Menschen in der Stadt Zürich verehrten auch zu Recht die aktive Stadträtin und wurden zu „ihrer Partei". Die Aktivitäten waren mehrheitlich unbestritten. Jede Gemeinderätin, jeder Gemeinderat, gleichgültig welcher Partei, war begierig in ihrem/seinem Wahlkreis irgendwelche Einrichtungen für die betagten Menschen einweihen zu können. Dieses Label gehörte praktisch zu einer Politkarriere. Man war stolz darauf, was entstand.

Viele Projekte der professionellen Sozialarbeit waren zu jener Zeit nah mit der Politik und dem, in dieser Zeit verankerten Emanzipationsanspruch gekoppelt. Die Beratungs- und Kontaktstellen für die Migrantinnen und Migranten zum Beispiel wurden immer auch als Teil der politischen Verantwortung zur Integration verstanden. Der heute berühmte Satz des Schweizer Schriftstellers Max Frisch wurde zum Motto: "Man rief Arbeiter und es kamen Menschen." Dass diese Menschen ihre Familien nachziehen konnten, musste politisch erkämpft werden. Dass ihre Kinder hier nicht versteckt werden mussten, sondern in die ordentliche Schule gehen konnten, war damals keineswegs selbstverständlich. Migration war ein sozialpolitisches Thema, das „bearbeitet", „gelöst" werden musste und konnte. Auch die Kirchen verschiedenster Konfessionen halfen mit, führten Einrichtungen (die Missione Cattolica z.B. Kinderbetreuung). Selbstverständlich gab es auch damals schon fremdenfeindliche Parteien, die mit Initiativen und Referenden Abstimmungen erzwangen, welche die Gemüter erhitzten. Der Tenor war zwar gehässig, aber gegenüber den heutigen Abstimmungskämpfen geradezu moderat. Jedermann konnte sehen, dass die „Fremdarbeiter" eben Arbeiter waren und zu unserem Wohlstand beitrugen.

Wohl deshalb verfing damals die Botschaft nicht: Die Ausländer klauen unseren Wohlstand, wie das ja heute mit Erfolg kommuniziert wird. Sie bezahlten auch in die Versicherungskassen und es waren genügend Mittel vorhanden, auch die einheimische Bevölkerung sehr gut zu alimentieren. Der wahnwitzige Kampf um niedere Steuern war damals noch kaum ein Politikum. Jedes Gemeinwesen war stolz, wenn es seiner Bevölkerung etwas bieten konnte: Ein neues Schulhaus, eine attraktivere Zufahrt zum Zentrum, ein Hallenbad, ja auch der Ausgleich zwischen städtischen und dörflichen Strukturen, zwischen Bergregionen und Industriezentren wurde als gemeinsame Aufgabe debattiert. Man suchte gemeinsame Lösungen und fand sie auch. Das Gemeinwohl war damals ein Begriff, auf den (fast) alle stolz waren. Gerade auch viele bürgerliche Politiker stellten sich mit diesem Begriff vor Entwicklungen von Neuem und Zukunftsweisendem. Man war stolz, wenn die eigene Gemeinde etwas vorzeigen konnte. Zur Eröffnungsfeier einer neuen Errungenschaft scharten sich Politiker aller Parteien (Frauen gab es erst nach 1971) gern und stolz zusammen.

PRAXIS
Obwohl ich schnell eine Karriere als Dozentin und Ausbildnerin hätte anpeilen können, wollte ich vorerst in die praktische Sozialarbeit gehen. Im Sozialdienst der Klinik Balgrist bekam ich die Chance, intensiv in die Sozialarbeit des Gesundheitswesens, der Versicherungssysteme und in die Auswirkungen der chronischen Behinderungen Einblick zu gewinnen. In der

Poliklinik mussten jeden Morgen ein bis zwei Sozialarbeiterinnen zur Verfügung stehen, um gleich die anstehenden Probleme mit den ambulanten Patientinnen und Patienten anzupacken und die Lösung in die Wege leiten zu können. Mir wurde das Wohnheim für schwer behinderte, eher junge Menschen anvertraut. Ich liebte beide Tätigkeiten. In der Poliklinik ging es um rasche Lösungswege, aber auch viele administrative Aufgaben.

Ich ärgerte mich ungemein, dass es so viele Kinder gab, die keine Krankenversicherung hatten. Ihre Familien versicherten Hausrat, Kühe und Auto, aber nicht die Kinder.

Im Wohnheim ging es dann um langfristige Betreuungs- und Integrationsfragen. Ich hatte Gelegenheit, mich mit den jungen Menschen und ihren Traumata – wenn es um Unfallfolgen ging – oder um ihre von Kindheit an beschränkten Möglichkeiten durch Kinderlähmung oder angeborene Krankheiten, auseinanderzusetzen. Was bedeutet ein Leben mit Einschränkungen? Was heisst es, immer abhängig zu sein? Der Begriff Autonomie, der ja gerade auch in der 68er Bewegung zu einer Ikone geworden war, veränderte sich. Für mich war es selbstverständlich, neben den individuellen Fragen auch den gesellschaftlichen Kontext mitzudenken und für so viel Autonomie wie möglich zu plädieren, für Integration in die Arbeitswelt zu kämpfen, für Teilnahme an Freizeitaktivitäten, wie sie andere junge Menschen auch haben. Das war damals noch ziemlich fremd. Die Idee, man müsse den Behinderten einfach „gut schauen", war der Grundtenor. Doch zunehmend begannen auch die Behinderten Fach-, und Selbsthilfe- und die Emanzipationsbewegungen der Behinderten „Szene" aktiv und lautstark zu werden. Vieles begann sich zu verändern und das Bild vom „armen Krüppel " – so stand es oft noch in den Akten – wurde radikal anders.

Jeweils am Ende der wöchentlichen Chefvisite wurden wir Sozialarbeiterinnen in die Entscheide einbezogen, ob Frau X entlassen werden kann – nur wenn sie zu Hause gut versorgt wird – oder ob Herr Y wieder arbeitsfähig geschrieben werden kann, nur wenn sein Chef die notwendigen Instruktionen einhielt – letztere waren dann die Aufträge an uns Sozialarbeiterinnen. Die Partnerschaft zwischen Medizin und Sozialarbeit war selbstverständlich und gegenseitig willkommen. Besondere Herausforderungen waren die Gespräche mit Patienten vor schwierigen, manchmal lebensbedrohlichen Operationen. Ärzte, vor allem auch die jungen in Ausbildung, aber auch Ausländer, die die deutsche Sprache nicht in allen Feinheiten beherrschten, baten uns Sozialarbeiterinnen dazu. Diese Gespräche waren schwierig. Wir konnten Mut machen, mussten aber darüber reden, das nicht alles machbar ist. Ich versuchte jeweils zu vermitteln, dass es ein Vertrauen in eine uns Menschen übersteigende Kraft gibt. Immer wieder war es für mich wie ein Wunder, wenn ich dann nach den schwierigen Operationen in die Augen der Patientinnen und Patienten blicken durfte und sie mir, vielleicht noch ganz schwach, dankten für meine Hilfe. Dabei war es ja nicht ich, die geholfen hatte.

Ebenso herausfordernd war die Arbeit auf der Kinderabteilung. Hoffnungsfrohe Eltern freuen sich auf ihr Baby und dann kommt es mit einer Behinderung zur Welt. Mit vielleicht einer bleibenden Einschränkung, vielleicht hat es einen langen Weg von Massnahmen, medizinischen und therapeutischen vor sich. Das verändert das Leben und die Haltung zum Leben. Viele Eltern mussten ihre Lebenspläne über Bord werfen. Das Schicksal, so war man damals noch überzeugt, stellte für sie eine andere Aufgabe. Nicht alles war machbar und die Kräfte auch nicht unendlich. Ich sah Ehen an dieser Aufgabe scheitern, erlebte aber auch Eltern, die sich und ihre Familie wunderbar in die Zukunft führten. Meine Aufgabe war es zu stützen und zu unterstützen, wo immer möglich: Finanziell, aber auch mit praktischen Hilfen, wie Familienpflege, Entlastungsdiensten, Unterbringung in Einrichtungen, mindestens temporär oder auch dauerhaft.

> Als ich schwanger war, bat mich der Chefarzt in sein Büro und schlug vor, dass ich die Tätigkeit in der Kinderabteilung an eine Kollegin abtrete. „Das tut ihnen im Moment nicht gut", war seine wohlwollende, patriarchale und richtige Arbeitgebersicht...

Schliesslich waren wir im Sozialdienst in die Entscheidungen der Invalidenkommission (IV-Kommission) involviert. Für uns ist es heute fast nicht zu glauben, dass damals eine Akte und die Einsicht in diese für einen Entscheid genügten. Der zuständige Versicherungsarzt entschied auf Grund von Röntgenbildern oder Arztberichten aus der Klinik, vielleicht noch mit Zusatzbericht aus dem Sozialdienst, ob Eingliederungsmassnahmen bewilligt, Renten oder Teilrenten gesprochen werden. Bei Unsicherheit hiess es immer: Zu Gunsten der Patientin oder des Patienten. Ich erinnere mich an diese militärgrünen Versandmappen, in denen die Akten an alle Mitglieder der IV-Kommission verschickt wurden und jede/r konnte mit seiner Unterschrift die Lebenswege der Behinderten prägen, wirksam, unbürokratisch und doch professionell.

Entwicklungen im Sozialwesen, neue Organisationen
Die Wachstumsmöglichkeiten förderten in den 80er Jahre den Ausbau des Sozialwesens. Ich beobachtete die Entwicklungen auch kritisch. Die Dokumentation der Informationsstelle des Zürcher Sozialwesens umfasste viele hunderte Institutionen. Als Sozialarbeiterin fragte ich mich fachlich, aber auch selbstkritisch: Ist es klug, unsere Dienstleistungen immer mehr aufzufächern, immer spezialisiertere Stellen zu schaffen? Zersplittern wir uns nicht? Was wirkt davon verbindend, integrativ?

Die praktische Arbeit im Sozialdienst der Klinik Balgrist

führte mich zum Engagement im „UNO Jahr der Behinderten". Ich wurde als Koordinatorin mit den Aktivitäten im Kanton Zürich beauftragt und beim Roten Kreuz in Teilzeit angestellt. Die Auseinandersetzung mit den Beeinträchtigungen, denen Menschen mit Behinderungen gegenüber stehen, schärfte meine Wahrnehmung für die grossen Aufgaben, die noch zu bewältigen waren. Die enorme Zergliederung der Institutionen in der Behinderten Fach- und Selbsthilfe spricht da Bände. Jede Behinderungs"art" hatte eine Fachstelle, eine Selbsthilfestelle und je nachdem arbeiteten die kaum zusammen oder konkurrenzierten sich gar. Das geht bis heute so, wo die begrenzten Subventionsgelder der IV in immer kleinere Tranchen unterteilt und zugesprochen werden, sodass am Ende gar niemand mehr grosszügig handlungsfähig ist. Dabei sind gerade diese Themen öffentlich politisch relevant, die (fast) alle betreffen: Mobilität, Wohnen, Assistenzdienst, Arbeitsintegration. Ich veranstaltete im UNO Jahr 1981 thematische Debatten, an denen Betroffene, wie Fachleute, wie Angehörige teilnehmen konnten. Allmählich entstand so ein Netzwerk, das zu gemeinsamem Handeln motivierte und fähig war. Am Ende des Uno Jahres gründeten wir die Behindertenkonferenz des Kantons Zürich, die bis heute besteht. Sie konnte mit vereinten Kräften einige Probleme massgeblich vorwärts bringen, sie wird eingeladen zu Vernehmlassungen, zur Erprobung neuer Hilfs- oder Mobilitätsmittel und ist auch eine politische Stimme, die in den Parlamenten gehört wird. Meine Überzeugung, dass bei aller Diversität nur gemeinsame Strategien zum Ziel führen, konnte ich hier praktisch erproben und ich freue mich am Erfolg. Die Behindertenkonferenz Kanton Zürich hat noch heute ihren Stellenwert.

Von der Sozialarbeit zur Politik
Es geht (nicht) oder doch! Das Trägheitsprinzip
Nicht alle liessen sich von der Dynamik mitreissen und bewegen. Das Trägheitsprinzip ist menschlich, in Strukturen ebenso wie im persönlichen Bereich. Bei der Arbeit im „UNO

Jahr der Behinderten" hatte ich mit allen Ebenen Kontakt: Gemeinden, Kantone und Bund, kämpfte mit der Verwaltung und mit juristischen Schranken. Das ewige: Ja, das geht nicht, als erste Antwort auf die einfachste Anfrage, machte mich total wütend. Warum geht die menschliche Energie nicht in Lösungen sondern nur in die träge Abwehr? Ich weiss, dass das mehr mit Physik als mit Politik zu tun hat. Der physikalische Grundsatz: "Jeder Körper verharrt im Zustand der Ruhe, ausser er wird angestossen", gilt natürlich erst recht für die „verkörperten" Institutionen und Prozesse, die schon fast keine mehr sind. Die Frage, wie man die Prozese in den Institutionen wieder effektiver gestalten könnte, hat mich wohl motiviert, mich politisch zu engagieren.

Ich entscheide mich für Politik
Waren es bis dahin die Frauen- und Friedensbewegung, die Anti-AKW Bewegung und eben die Emanzipationsbewegungen der Behinderten, kamen mir nun Fragen über die Strukturen in die Quere. Ich hatte über Jahre behauptet, dass ich nie in eine Partei eintreten und in verkrusteten Strukturen arbeiten werde. Als dann aber die Grünen immer aktiver wurden, besuchte ich die eine oder andere Veranstaltung, freute und ärgerte mich gleichzeitig am engagierten und zum Teil ziemlich chaotischen Arbeiten. Schliesslich erklärte ich mich bereit, noch als Parteilose auf den Listen für die Kantonsrat- und die Gemeinderatswahlen 1986 zu kandidieren. Ich machte erste Erfahrungen im Wahlkampf an den Ständen und auf der Strasse.

Schliesslich kam für mich und viele damals junge Mütter ein weiteres Schlüsselerlebnis dazu: die Katastrophe von Tschernobyl. Wer es immer noch nicht begriffen hatte, spürte nun, dass die Atomenergie zerstörerisch ist und zwar über hunderte von Kilometern hinweg. Hilflos die Warnungen am Radio, man möge kleine Kinder nicht im Sandhaufen spielen lassen, vorerst keinen Kopfsalat essen und ähnliches.

Ich schloss mich den Grünen an. Sie versuchten die strukturelle Politik, also Behörden und Parlamentsarbeit mit den sozialen Bewegungen – heute sind es Projekte der Zivilgesellschaft – zu verbinden. Das überzeugte mich.

Sozialarbeit ist politisch
Meine Wahrnehmung und Überzeugung, dass Sozialarbeit immer auch Sozialpolitik und daher politisch ist, ist nicht nur mit der 68er Bewegung als Ausgangsjahr zu erklären. Vielmehr erstreckt sich diese These über alle Jahrzehnte der Sozialarbeit, angefangen in ihrer Tätigkeit in der Hullhousebewegung in Chicago am Ende des 19. Jahrhunderts, wo Jane Addams die unerträgliche Lage der armen Menschen in der Grossstadt zum Ausgangspunkt ihres professionellen Handelns erklärte.

Die kommunalen Wahlen 1986 brachten für die Grünen einige Stimmprozente, sodass auch Schulpflegeämter zu besetzen waren. Ich wurde Schulpflegerin im Schulkreis Limmattal. Emanzipiert und pionierhaft, wie wir uns damals fühlten, bildeten die Grünen, die „Frauen macht Politik Bewegung" und die Alternativen eine eigene Fraktion jenseits der SP. Ich präsidierte diese, wurde so Mitglied des Büros und damit natürlich auch in zusätzliche Verantwortung einbezogen. Es machte mir Spass in den Schulhäusern der Kreise 3 und 4 die engagierten Lehrerinnen und Lehrer kennen zu lernen und sie zu unterstützen. Ich bewunderte ihre Kompetenz und ihre Kreativität, mit denen sie die sehr grossen Diskrepanzen in ihren Schulklassen auffangen konnten. Gleichzeitig war ich natürlich mit meiner Qualifikation als Sozialarbeiterin oft auch in der Rolle der Konfliktvermittlerin zwischen Schule und Eltern, Lehrer/in und Behörde gefragt.

NATIONALRAT 1987-1991
Die Nationalratswahlen 1987 rückten in Blicknähe. Zum ersten Mal hatten die Grünen eine gewisse Chance, auch auf

nationaler Ebene mehr als nur einen Zufallssitz zu gewinnen. Die Grünen fragten mich nach meiner Bereitschaft, in den Wahlkampf zu steigen. Ich besprach mich mit meiner Familie, überlegte und schliesslich entschied ich – wie in den Kursen zum Thema Macht gelernt – auch mit der klaren Aussage: Dann will ich aber zuoberst auf der Liste stehen. So kam es auch und ich wurde gewählt. Damit begann ein neues Erfahrungsfeld.

Wir waren 1987 noch wenige Frauen aus der sogenannten „neuen" Frauenbewegung, die ins Parlament einzogen. Noch weniger waren es Frauen mit Partner und Kindern. Das Schweizer Fernsehen fragte mich an, ob ich für eine längerfristige Projektidee zu haben wäre: Sie möchten eine Politikerin mit Familie über längere Zeit begleiten. Ich besprach mich mit meinem Mann, meinen Kindern und sie fanden diese Idee spannend. So begleitete mich, uns, das Schweizer Fernsehen vom November 1987 bis zum Sommer 1995. Der Dokumentarfilm ermutigte viele Frauen. Er zeigte aber auch, wie viel Kraft eine solche Doppel- bzw. Dreifachrolle ebenso von den Kindern und vom Partner verlangt.

Schon in der zweiten Woche meiner ersten Session ergriff ich das Wort bei der fast sakralen Handlung der Bundesrats-Ersatzwahl. Mir ging es um ein „professionelles" Anliegen: man berücksichtigt die Partei, man berücksichtigt den Herkunftskanton, die Landesgegend, aber das Geschlecht, das berücksichtigt man nicht. Keine Frau war als Kandidatin aufgestellt.

Die Macht der Frauen oder die Ohnmacht der Frauen
Die Frage um Macht und Ohnmacht beschäftigt die Frauen seit je in der Politik, in der Familie, in den Organisationen, den Kirchen. Der Beruf der Sozialarbeit galt ursprünglich als klar definierter Frauenberuf. Die Fürsorgerin prägte den Beruf über Jahrzehnte: Frauen, vor allem auch bürgerliche Frauen

konnten darin ein respektiertes Berufsfeld finden und sich dort qualifizieren. Die Arbeiterfrauen mussten in die Fabrik gehen oder mit Haushaltarbeiten in Diensten zum Familieneinkommen beitragen. Es war andererseits aber klar ein „Fräuleinberuf", also für ledige Frauen oder aber für Frauen „die ja nicht verdienen mussten". Schlechte Löhne und kaum Existenz sichernde Sozialleistungen waren bis weit ins 20. Jahrhundert normal.

Warum ist das so? Warum bleibt das so? Diese Fragen stellten sich im Zug der Emanzipation und der Frauenbewegung zunehmend. Es gibt dazu fundierte Literatur. Für mich gab es die Chance von meiner Arbeitsstelle, der Informationsstelle des Zürcher Sozialwesens, immer wieder Tagungen und Gesprächsgruppen zu diesen Themen zu organisieren. Schliesslich bildete sich ein „Stamm von qualifizierten Führungsfrauen der Sozialarbeit", die sich regelmässig trafen, sich gegenseitig stärken konnten und auch bei Krisen und Enttäuschungen zur Stelle waren.

Ein besonderes Erlebnis, als frisch gewählte Nationalrätin, war der Tag meiner ersten Fraktionssitzung. Von Donnerstagbis Freitagabend war unser Frauenstamm auf der Halbinsel Au in Klausur. Ich verabschiedete mich also, begleitet mit all den guten Frauenwünschen zu meiner erste „Amtshandlung", nach Bern. Das stärkte und verpflichtete. Die Frauen schworen mich quasi darauf ein, sie nicht zu vergessen.

Das war für mich selbstverständlich. Ich machte jeweils auch tatsächlich, während all der Jahre im Nationalrat, vor jeder Entscheidung den Check.

Dieser Check, den jede Entscheidung für mich kurz durchlaufen musste, hiess:

Was bringt es den Frauen oder schadet es ihnen?

Was bringt es den sozial Schwachen oder schadet es ihnen? Was bringt es für die nachhaltige Entwicklung unserer Welt oder schadet es ihr?

Mit diesem „Dreisatz" bin ich mir während all der Jahre politischer Arbeit relativ sicher treu geblieben.

Abschaffung der Armee, Geheimdienstaffäre, Fichierung, Fall der Mauer – die Schweiz wird erschüttert

Die politische Grosswetterlage veränderte sich in den 80er Jahren in Europa dramatisch. Der Zusammenbruch des „Eisernen Vorhangs" brachte einerseits euphorische Gefühle: Europa als starke Einheit, als Friedensprojekt, als Wirtschafts- und Sozialeinheit und andererseits machte es jenen Angst, die ihre Identität aus der Abgrenzung bezogen haben. Das wurde schnell spürbar. Wer sind wir, wenn der Feind fehlt? Der Triumph „Sieg über den Kommunismus" brach in Nationalismen aus, die unter anderem auch in den Balkankrieg führten.

Im Zusammenhang mit der sogenannten Geheimdienstaffäre, „Affäre Jeanmaire", wurde auch die schweizerische Sicherheits- und Innenpolitik erschüttert. Ich war noch als Nationalrätin genug nah an den Ereignissen, um diese unglaubliche Bespitzelungskultur in unserem Land zu erfassen. Mir kamen Erlebnisse in den Sinn, die ich in den Jahren der Frauen- und Friedensbewegung nicht verstehen konnte und jetzt im Licht der Erfahrungen der Karteien, Listen und Melder endlich kapierte.

Auf einem hochrangig besetzten Podium war auch der damalige Generalstabschef Z. Nach der Debatte kam er zu mir und meinte: Sie haben mir Eindruck gemacht. Wenn Sie je in Bedrängnis sein sollten, so können Sie verlangen, dass Sie mit mir persönlich Kontakt aufnehmen können. Ich werde Ihnen helfen.

Ich arbeitete in einer friedenspolitischen Gruppe, wo es darum ging, den Zivildienst und seine Ausgestaltung für Soziale Einrichtungen zu promoten. Wir waren zehn Personen. Die Durchführung dieser Sitzung wurde nach Bern gemeldet. Das Gefühl, wer von den neun Andern hat „uns verraten", hinterliess den schalen Geschmack von Missbrauch von Treu und Glauben, wie ihn ja in der DDR Tausende von Menschen erfahren mussten. Es war auch hier als Erlebnis nicht „harmlos".

Ich war also im Fokus gewesen, wie so viele und nach der offiziellen Öffnung der Fichen, war es Einigen peinlich, dass es so ist. Mein Empfang in der Bundesanwaltschaft, wo wir Parlamentarier/innen Einblick in unsere Fichen erhalten konnten, wird mir als Schaudererlebnis in Erinnerung bleiben. Der Concierge war so zornig. Er konnte nicht an sich halten und meinte: „Soweit ist es gekommen, dass man Solchen wie Sie es sind, hier Zugang gibt". Wie nah sind wir immer auch an diktatorischem Verhalten!

Auch in der Stadt Zürich war die Fichierung der Sozialleistungen beziehenden Menschen unglaublich akribisch. Aber längst nicht nur von Ihnen. Es schien jahrelang niemanden zu stören, dass das Sozialamt einen Erkundigungsdienst führte, in dem zum Schluss 16 (sechzehn) Mitarbeiter/innen tätig waren. Sie überprüften die Person, die tatsächliche Armutsbetroffenheit, Lohn- und Steuerauszüge wurden einbestellt. Selbst Wohnungen und Stellen wurden erst nach solchen Prüfungsverfahren, die heimlich und versteckt stattfanden, vergeben. Lächerliche Eintragungen, wie etwa „Frau A ist eine Saubere, sie hat nie Herrenbesuch, wir geben ihr eine Zweizimmerwohnung" machten die Runde.

Man war empört, schrie "nie wieder" von links wie rechts. Man lachte und witzelte über den Schweizer DDR Staat, die Schweizer Stasi mitten unter uns. Meine Intuition aber war auf Alarm gestellt. Mir blieb das Lachen im Hals stecken. Ich wusste schon damals, wie schnell das wieder kippen kann. Und Ironie des Schicksals, nur wenige Jahre später schrien dieselben, Linke wie Rechte und Liberale nach Sozialdetektiven, die verdeckt ermitteln können!

Die Aufarbeitung der Geschichte des 2. Weltkrieges, die eine Kehrseite der wehrhaften stolzen „neutralen" Schweiz aufzeigte, erschütterte eine ganze Generation von Menschen, die doch so sehr an dieser Identität hingen. Nun wurde auch das „zerstört" oder mindestens „beschmutzt". Die Wiedergutmachung, die man mit dem Goldfonds ein paar Jahre später schaffen wollte und die der Schweiz sicher zu einem wunderbaren neuen Image hätte verhelfen können, wurde dann verhindert mit dem Argument, dass dieser „Gewinn" dem Volk gehöre.

Politisch war 1989 mit dem Fall der Mauer, innenpolitisch mit der Abstimmung zu einer Schweiz ohne Armee und einer umfassenden Friedenspolitik (GSOA), ein Schlüsseljahr. Ich war als Nationalrätin gefordert, nun zu meiner Überzeugung zu stehen und der Initiative zuzustimmen.

Es herrschte vor der Abstimmung eine Stimmung im Rat, als ob es um Sein oder Nichtsein ginge. Es kamen einige nette Parlamentarierinnen und Parlamentarier aus verschiedenen Parteien zu mir und sagten: Machen Sie ja nicht den Fehler, dass Sie für die Initiative stimmen. Das ruiniert Ihre politische Karriere und das wäre schade. Sie können sich ja krank melden, Sie können die Abstimmung verpassen... Es gab viele gut gemeinte Worte. Ich wusste aber, wenn ich hier kneife, so kann ich nicht mehr vor mir bestehen; das wäre nun wirklich Opportunismus, Verrat an meiner Arbeit in der Friedensbewegung, an meinen Werten. Das kann man wohl heute kaum nachvollziehen, unter welchem Druck wir damals standen. Heute spricht es sich so leicht und locker über die Armee und jeder darf kritisch sein. Selbst der Vorsteher des Verteidigungsdepartements darf sich Witze erlauben. Damals aber kamen Frauen zu mir und erklärten, sie dürften nicht Ja stimmen, die Berufskarriere ihres Mannes sei gefährdet. Andere sagten, sie könnten sich im Dorf nicht mehr zeigen, wenn sie Ja stimmen würden. Ich hatte Verständnis für diese Sorgen; für mich aber stellte sich das anders. Ich wusste, entweder stehst du jetzt zu deiner Haltung und zwar deutlich und klar, oder du wirst in der ganzen weiteren politischen Arbeit ein wankelmütiges Wesen werden. Ich verlangte, dass ich als Minderheitssprecherin unserer Fraktion einen angemessen Teil der begrenzten Redezeit bekam. Ich wollte also wirklich meine Argumente, wenn auch kurz und knapp, vortragen können, öffentlich. Bei der Versammlung war eine feierliche, fast religiös geprägte Stimmung. Jedes Wort wurde aufmerksam verfolgt. So viele Journalistinnen und Journalisten sah ich nur noch wenige Male auf den Pressetribünen. Es war klar, es gibt einen Namenaufruf bei der Abstimmung. Wir waren 13 Frauen und Männer, die ja sagten zur GSOA Initiative. Es gab kaum ein Medium, in dem diese 13 Namen, in Kästli z .T. mit Fotos, mit Sonderkommentar, nicht erwähnt wurden. Ich war auf vieles gefasst. Es passierte nichts, ausser dass ich mich federleicht – eben erleichtert – fühlte. Viel Respekt erhielt ich auch von jenen, die mich vorher gewarnt hatten.

Zu meiner Haltung stehen
Zur eigenen Überzeugung stehen, das ist wohl immer die grösste Herausforderung in der Politik, aber nicht nur dort. Sie fordert jeden Menschen in jeder Phase des Lebens. Mein friedenspolitisches Engagement löste natürlich auch bei meiner Familie immer wieder Diskussionen aus. Mein Sohn ging in die Rekrutenschule, meldete sich aber beim ersten Wiederholungskurs für eine Umteilung in den waffenlosen Dienst. Damals war es noch selbstverständlich, dass eine Gewissensprüfung vorgenommen wurde. Der Befund: Seine Argumente seien politisch und nicht ethisch.

Bevor mein Sohn den Zivildienst antreten konnte, musste er für dreimal 24 Stunden – so das Urteil – ins Gefängnis.

Ich begleitete ihn dort hin und meldete mich mit Namen und Funktion. Das brachte den diensthabenden Soldaten in Verlegenheit. Ich holte Christian auch wieder ab und im Gespräch darüber, wie er diese Zeit erlebt habe, wurde ich nachträglich nochmals wütend.

Es ist nicht richtig, einen jungen Menschen zu bestrafen: mit Einschliessen und Abnahme aller persönlichen Effekten usw., weil er andere Werte ins Zentrum stellt. Schliesslich konnte mein Sohn in einer Umweltorganisation regulär Zivildienst leisten. Das machte auch Sinn, da er ja ein Studium an der ETH zum Forstingenieur absolvierte.

Eine besondere Reminiszenz: Max Frischs Stück "Jonas und der Veteran" wurde am Schauspielhaus Zürich aufgeführt, und im Anschluss daran wurde je eine Diskussion zwischen zwei Exponenten geführt. Ich war mit E.C. eingeladen. Die Debatte dauerte nicht lange. Durch das Stück eingestimmt, waren natürlich viele Anwesende eher auf meiner Seite. E.C. hielt das nicht aus. Er meinte, er müsse sich das nicht gefallen lassen und verliess die Bühne. Ein Offizier in Uniform (warum?) sprang sofort auf, kam auf die Bühne und stellte sich zur Verfügung. Ob dieser „Wechsel" abgesprochen oder spontan erfolgte, weiss ich nicht. Sicher war, dass Max Frisch im Anschluss an diesen Abend „stolz" auf mich war.

„Marsch durch die Institutionen"
Auch ich war zum „Marsch durch die Institutionen" angetreten. Da ich von der Fraktion in die Kommission für Soziale Sicherheit delegiert worden war, hatte ich viele Möglichkeiten und lernte schnell sehr viel. Ich konnte meine Identität als professionelle Sozialarbeiterin und meine Identität als feministische Politikerin ohne Probleme vereinbaren. Ich fühlte mich sicher und stark.

Allmählich, so war für mich spürbar, wurde man der 68er Bewegung überdrüssig und deren Anhänger vielleicht auch. Viele passten sich an, gingen wie ich in den langen Marsch durch die Institutionen, wurden „Chefs", Leiter von namhaften Einrichtungen und übernahmen Definitionsmacht an Hochschulen oder Gymnasien.

Speziell war auch die Entwicklung in den Kirchen, wo eine Art Aufbruch stattfand. Immerhin entstanden einige Strukturen, die bis heute dauern: der politische Gottesdienst zum Beispiel in Zürich, die Jugendseelsorge, gewisse Streetwork-Projekte. Schnell war aber die Aufbruch-Bewegung auch hier verschwunden und die alte, patriarchale Macht „übernahm". Das verunmöglichte Vielen meiner Generation, vor allem auch Menschen mit andern Lebensentwürfen, in dieser Institution zu bleiben. Der Exodus begann und er hält ja bis heute an.

Damals gab es neben den ständigen immer auch "ad hoc" Kommissionen, z.B. zum Mietrecht. In dieser Kommission konnte ich mitarbeiten. So gelang da und dort doch eine „professionelle" Akzentsetzung.

Einige Beispiele:
- Im Mieterschutz wurde es durchaus möglich klarzustellen, dass Wohnungen nicht einfach ein Marktprodukt sind, sondern ein Grundbedürfnis jedes Menschen und dass dies einen besonderen Schutz braucht. Gleichzeitig wurde ja die Forderung nach zahlbaren Wohnungen in den Grossstädten vor allem zu einem Politikum ersten Ranges. Genossenschaftliche und staatliche Aktivitäten waren nicht nur geduldet sondern hoch willkommen. Der Immobilien"markt" konnte das Grundprodukt gar nicht bereitstellen.

- in der X. Asylgesetzrevision wurden sexistische Formen von Bedrohung und Gewalt auch als Asylgründe aufgenommen.

- in der Sozialversicherung, insbesondere im Hinblick auf die 10. AHV-Revision, gelang es vor allem der Allianz der Frauen, die Erziehungsgutschrift zu verankern. Weitergehende freiwillige Leistungen hatten keine Chancen, und wie wir wissen, bis heute nicht. Die Fixierung auf die Lohnarbeit im klassischen Sinn scheint – auch in der traditionellen Linken – ungebrochen.

- in der Frage, ob Pensionskassengelder für den Erwerb von Wohneigentum eingesetzt werden dürfen, was vor der Revision des Scheidungsrechts eine sehr gefährliche Frage war, vor allem für die Frauen.

- in der Revision des Arbeitslosengesetzes, wo Schwerpunkte zur Integration verstärkt werden konnten.

- Schritte zu einer Arbeitsgemeinschaft zur Schaffung von Standplätzen für Fahrende wurden möglich.

- die Revision des Sexualstraf- und des Ehegesetzes wurde selbstverständlich auf die Gleichstellungsartikel ausgerichtet. Selbstverständlich meine ich, weil ich überhaupt nicht überzeugt bin, dass heute, in derselben Konsenshaltung quer über die Parteien, eine Frauenallianz tragfähig wäre.

- eine ganz besondere Herausforderung waren die Gesetzgebungsprozesse zur Gentechnologie.

Ich war Präsidentin der Schweizerischen Arbeitsgruppe Gentech SAG, die mit kritischen Wissenschaftlerinnen und Umweltfachleuten sehr genau hinschauten und auf ein Moratorium hinwirkten, bevor unumkehrbare Schäden angerichtet werden. Besonders waren, aus feministischer Sicht, auch die Themen, die sich mit der Reproduktionstechnologie befassten. Alles ist machbar – was bedeutet das für die Frauen? Bis heute eine ungelöste Frage. Auch die professionelle Sicht als Sozialarbeiterin war immanent: Was, wenn es „keine Behinderungen" mehr gibt, geben darf und doch gibt? Was, wenn man „selber schuld ist", wenn die menschliche Natur nicht störungsfrei funktioniert?

Diese Auflistung mag zeigen, was ich immer wieder meinen Berufskolleginnen und -kollegen und den Studierenden zu erklären versuchte, nämlich, dass die Fragen der professionellen Sozialarbeit und die konkreten Themen der Alltagspolitik eng zusammenhängen. Ich versuchte so zu motivieren, dass sie mitverfolgen und mitmachen. Denn wer schweigt, stimmt zu!

Selbstverständlich ist jedes Mitglied des Parlaments mit seinem Gewissen frei zu entscheiden. Viele aber sind beruflich und politisch eingebunden in Organisationen, die an sie klare Erwartungen haben, was im Parlament zu erreichen ist und was nicht. Ich versuchte mit einer Begleitgruppe, in der Kolleginnen aus der Friedensbewegung, aber auch Sozialarbeiterinnen vertreten waren, mir selbst eine „Lobby" zu organisieren. Wir versuchten Themen vorzubereiten, sie auf die Relevanz für die Sozialarbeit, aber eben auch für die Friedens- und Frauenbewegung abzuklopfen und wenn nötig, ihnen Schwerpunkte einzugeben. Das war nicht einfach, denn in den ritualisierten Formen des parlamentarischen Betriebs schienen aussergewöhnliche Akzente kaum Platz zu haben. Die vorbereitenden Sitzungen auf die Sessionen und die Nachbereitung waren für mich eigentliche Lernprozesse, nahe an dem, was wir in unserer Profession unter Supervision pflegen. Ich lernte und konnte mindestens immer besser versuchen, die Anliegen der Profession Sozialarbeit, ihre Inhalte, ihre Ethik in die parlamentarischen Geschäfte einzubringen. Das hat da und dort, gerade auch bei den Linken, überrascht. Linke Politik hiess zum grössten Teil Arbeitnehmer/innenpolitik. Das genügt aber nicht.

Bin ich überhaupt für Politik geeignet?

Ich stellte mir und in der Begleitgruppe immer wieder die Frage: Bin ich für eine solche politische Arbeit überhaupt geeignet? Was bringt es, Fragen, Probleme anzusprechen, Lösungen einzufordern? Wäre ich nicht viel geeigneter in der praktischen Sozialarbeit, wo ich – wenn auch mit kleinerem Radius – konkret etwas bewirken könnte? Zudem gab es immer wieder Informationen, Themen, die mich so tief erschütterten, dass ich die Fassung für das scheinbar „normale Parlamentsgeschehen" mit grosser Kraft erringen musste:

Im Geschäftsbericht wurde aufgeführt, wie viel Salpetersäure die Schweiz nach Irak exportiert hatte. Ich wies in der Fraktion darauf hin, dass der Irak nun wirklich keine „friendly nation" sei und der Diktator dort daraus durchaus chemische Waffen herstellen könnte. Zudem war allen klar, wer der Lieferant solcher Mengen von chemischen Mitteln sein musste. Da gab es nur ein Unternehmen.
Die Fraktion bat mich, diese Frage zu stellen, was ich tat. Der Unternehmer, von dem man die Lieferung vermutete, trat ans Mikrofon und meinte höhnisch: „Ach Frau Stocker, das ist doch für die Rüebli in Saddams Garten". Ich konnte damit nicht umgehen. Jahre später entstand ein Krieg um scheinbare oder tatsächliche chemische Waffen im Irak.

Ich war „Unterstützerin der Antiapartheidbewegung" und bekam deshalb auch ungeschönte Informationen aus den Untergrundorganisationen. Die Kinderkörper, zerbissen von Hunden, die Folterspuren an den Körpern der Männer, die Geschichten von systematischen Vergewaltigungen schwarzer Frauen machten mir zu schaffen. Die Stimmung im Parlament, als eine Boykottforderung des Handels mit Südafrika, insbesondere der Bankengeschäfte, debattiert wurde, war hämisch, aufgeheizt und die Mehrheiten bis in den Bundesrat waren klar. Als ich endlich – die Redner/innenliste war ausserordentlich lang – ans Pult ging, spürte ich auf einmal eine unglaubliche Kraft. Mein Votum konnte ich beginnen, aber schon bald hatte ich das Gefühl, dass die Kinder, Frauen, die Gefolterten im Saal anwesend seien und mich anschauten. Ich konnte nichts tun, nichts für sie alle. Ich musste mein Votum abbrechen und ging hinaus. Ich hatte einen Weinkrampf. Die Schlagzeilen waren klar, die anonymen Telefone nachts auch: zurücktreten. Heulsusen kann man in Bern nicht brauchen. Die Zeitung mit den grossen Schlagzeilen titelte: Frau Stocker, wann treten sie zurück? – Prinz Charles hat mich gerettet. Er war zum Skilaufen in Klosters als ihn eine Nassschneelawine fast erfasst hätte. Da wechselte der Aushang, die Berichterstattung, sofort. Schmunzelnd stellte ich fest: Eine Feministin wird von einem Prinzen gerettet!

Die Frage blieb für mich: Bin ich eine geeignete Parlamentarierin? Ich fühlte mich besser, wenn ich in den Kommissionen etwas tun konnte, z.B. in der Sonderkommission zum Jubiläum von 1991.

1991 war ein besonderes Jahr. Die Schweiz feierte ihr 700 jähriges Bestehen. Die formellen Feierlichkeiten wurden durch eine "ad hoc" gebildete Kommission, in der ich die Grüne Fraktion vertrat, begleitet. Ich nutzte diese Chance und beantragte eine Frauensession, ein Kollege eine Jugendsession. Die beiden Vorschläge waren mehrheitsfähig, ebenso mein Antrag, mehr für die Vernetzung unter den verschiedenen Gruppierungen in unserem Land zu tun.

Eines der da entstandenen Projekte, auf das ich stolz bin, gibt es bis heute: **DAS PROJEKT SEITENWECHSEL.** Das Projekt war für die Überbrückung, des sich schon damals verbal und tatsächlich zeigenden Grabens zwischen Wirtschaft und Sozialpolitik, ganz wichtig. Die zeitweise Mitarbeit von Führungskräften der Wirtschaft in Einrichtungen der Sozialarbeit, wie etwa der Gassenküche, in der Bergbauernhilfe, in Flüchtlingseinrichtungen verstärkte bei ihnen nicht nur das Verständnis für die Notwendigkeit dieser Arbeit, sondern auch für die Methoden, nämlich mit wenigen beschränkten Mitteln sehr viel zu erreichen. Das eins zu eins zu erfahren, rang manchem Bänker oder Verwaltungsangestellten viel Respekt ab. Es braucht keine teuren Seminare, wo Manager lernen, mit knappen Mitteln das Optimum zu erreichen, das reale Leben hält solche Lernfelder in Fülle bereit.

Für mich waren diese Projekte also auch berufliche Projekte. Ich hielt das für „selbstverständlich", dass Problemlösungsprozesse eben alle gesellschaftlichen Ebenen und alle Dimensionen erfassen müssen. Niemand wusste natürlich, dass das „Fräulein Meier" (sic) als Abschlussarbeit der Studien an der Uni eine Arbeit geschrieben hatte mit dem sperrigen Titel: "Zur mehrdimensionalen Problembeschreibung und Problembehandlung in der Sozialarbeit". Es war für mich eine fachliche Dimension, politisch zu arbeiten. Ich war bei aller Skepsis gegenüber vielen Strukturen und der oft geschönten Geschichte doch stolz, in diesem Parlament und für unser Land und seine demokratische Kultur zu arbeiten.

Im Jahr 1991 wurden der emeritierte Professor für Theologie Robert Leuenberger und ich als feministische junge Antipode nach Leipzig in ein kirchliches Seminar mit dem Titel: Wie geht Demokratie? eingeladen. Herr Leuenberger und ich waren keineswegs Antipoden. Wir konnten – er die Geschichte unseres Staates, seine Werte und der Zusammenhalt, ich die Arbeiten der Zivilgesellschaft, der NGOs, des Milizsystems – gemeinsam vorstellen. Was ist eine Behörde? In den Kirchgemeinden, den Schulgemeinden, den staatlichen Kleinsteinrichtungen, was ist Föderalismus? Unsere Teilnehmerinnen und Teilnehmer staunten. Sie kamen aus kirchlichen Bewegungen, engagierten sich oft jahrelang „versteckt" und wunderten sich, wie vielfältig „Staat" gemeint sein kann. Gleichzeitig erinnere mich an das karge Bildungszentrum, wie ich, verwöhnt von Zentralheizungen, gefroren hatte und dass ich einfach nur dankbar in die Schweiz zurückfuhr. Ich nahm mir vor: So schnell gibst du nicht auf, was so kostbar ist.

FRAUENANLIEGEN – FRAUENPOLITIK – IN VERSCHIEDENSTEN FORMEN

In all meinen politischen Handlungsfeldern blieb ich selbstverständlich den Frauenanliegen treu.

Mit der **FIRMA BALANCE** hatte die Zürcher Berufs- und Laufbahnberaterin Marie-Louise Ries ein Schulungs- und Entwicklungsangebot geschaffen, das für Dutzende Frauen wegweisend war. Ich arbeitete im Vorstand und Fundraising mit, vor allem aber als Kursleiterin. Den von mir entwickelten Workshop „Sitzungen leiten" führte ich mehr als ein Dutzend Mal durch.

Heute werden solche Kurse von allen grösseren Erwachsenenbildungsinstitutionen angeboten; damals war es nicht so. Es brauchte, wie so oft, die Pionierinnenarbeit von Frauen.
Immer wieder gab es Rethorikkurse für Frauen, gerade auch für in Sozialberufen tätige. So empathisch die Frauen in Gesprächsführung und im Zweier- oder Familiengespräch trainiert waren, so unsicher und überfordert fühlten sie sich, öffentlich zu reden. Das war so schade und so unnötig, hatten sie doch Erfahrung, Argumente und viele Beispiele zur Hand, die überzeugen konnten.

Deshalb waren auch die Tagungen und Seminare zum Thema Macht gefragt. Was ist das, was meinen wir damit? Was hat dieses Thema mit uns Frauen zu tun, aber auch mit unserer Rolle in sozialen Berufen? Das Netzwerk der Sozialarbeiterinnen in meiner Umgebung wurde immer enger, tragfähiger und machte uns stärker. Der auch von mir mitentwickelte und organisierte Kurs „Wiedereinstieg" für Sozialarbeiterinnen nach der Familienpause konnte zusammen mit dem Berufsverband durchgeführt werden. Noch heute bestehen die Netzwerke, die damals neben der theoretischen Aufarbeitung von Literatur, Gesetzen und Praxis in Supervision, Praxisberatung und Intervisionsgruppen entstanden sind.

14. Juni 1991: Frauenstreik

Zu Beginn der 90er Jahre waren es bekanntlich 20 Jahre seit der Abstimmung zum Frauenstimm- und Wahlrecht in der Schweiz. Nach 20 Jahren, die zwar da und dort Frauen in Behörden und Regierungsämter brachten, war man noch meilenweit von einer tatsächlichen Gleichstellung entfernt, erst recht von der 1981 in der Verfassung verankerten Lohngleichheit und - ja, man begann so langsam in dieser Thematik zu gähnen und zu schlafen. Der 14. Juni 1991 war deshalb von den Frauenorganisationen zum Frauenstreiktag ausgerufen worden, der ein überraschendes Echo fand, tatsächlich wieder aufrüttelte und schockierte. "Wenn frau will steht alles still" – so das Motto, machte deutlich, dass Frauenarbeit nicht „ein bisschen berufstätig sein" bedeutete, sondern eine vollumfängliche Integration in die Bildungs-, Berufs- und Arbeitswelt auf allen Stufen. Das aber wieder erschütterte die konservativen Familienmodelle, in denen sich die Männer sicher fühlten und sich in ihrer Karriere nicht stören liessen durch Kinder, Krankheit, oder alte Eltern. Der Ruf nach Kinderbetreuungsmöglichkeiten wurde immer lauter und wurde andererseits bekämpft mit Schauermärchen von gestörten Kindern.

Frauensession

Während 1991 zum Jubiläumsjahr vieles geplant wurde, organisierte ich mit Parlamentarierinnen und mit Unterstützung der Parlamentsdienste die Frauensession. Wenn wir 700 Jahre Eidgenossenschaft feiern, so ist es ein Zeichen zu zeigen, dass erst 20 Jahre zu „feiern" sind, seit die Schweizerinnen dazugehören und gerade mal 10 Jahre, dass wir die Gleichstellung in der Verfassung verankert haben. Die vorberatende Kommission, die ich präsidierte, war eine kreative, lustvolle Arbeit. Wir arbeiteten, wie so oft in Frauengruppen ohne Hierarchien, lachten viel und waren sehr effizient. Frauen sind sehr sparsam und leisten viele unentgeltliche Stunden. Schliesslich war am Ende sogar ein kleiner Budgetbetrag unverbraucht.

Ich entschied, den Betrag an die Mitwirkenden zurückzugeben, schrieb einen Dankesbrief und jede bekam einen kleinen Büchergutschein. Die mitwirkenden Parlamentarierinnen einen Blumenstrauss. Ein Herr aus den Parlamentsdiensten reichte darauf Anzeige gegen mich ein wegen Beamtenbestechung (??) und gegen die Mitarbeiterinnen der Parlamentsdienste wegen „unerlaubter Annahme von Geschenken". Gegen die mitarbeitenden Parlamentarierinnen konnte er nicht klagen... Ich liess mich nicht juristisch auf diesen Vorgang ein, sondern ging zum damaligen Präsidenten des Parlaments, Ulrich Bremi. Er bekam schlicht einen Lachanfall und meinte: „Ich garantiere Ihnen, ich gehe nicht vom Bock (dem Parlamentsvorsitz), bevor dieses Schreiben das geworden ist, was es verdient: „lächerliche Makulatur". So war es denn auch. Die Anzeige verschwand sang- und klanglos.

Schon während der Vorbereitung der Frauensession wurden wir beschimpft, anonym, sexistisch. Offenbar war es für gewisse Männer unerträglich, dass im Parlamentsgebäude einmal die Frauen im Zentrum stehen werden. Doch die Tatsache, dass für einmal die Parlamentarierinnen aller Fraktionen seit

1971 im Saal versammelt waren, die einzige Bundesrätin, die wir bis dato hatten und aus jedem Kanton zwei junge 20 jährige Frauen eingeladen waren, beeindruckte. Da es um Frauenpolitik ging, wurden selbstverständlich auch Frauen aus den Frauenorganisationen eingeladen, wussten wir Frauen doch seit Jahrhunderten, dass Politik nicht nur im Parlament gemacht wird sondern in den zivilgesellschaftlichen Gruppen und Organisationen. Da sassen Vertreterinnen der traditionellen Frauenorganisationen neben Frauen aus den Frauenbewegungsgruppen, konservative Frauen neben Friedensbewegten, Elegante neben Flippigen. Die erste Parlamentspräsidentin, Frau Elisabeth Blunschli, freute sich über die Anfrage, diese Session fachkundig zu leiten. Als Präsidentin der vorberatenden Kommission sass ich vorn und blickte in diesen bunten Saal. Ich war überzeugt, dieser Teil der Schweiz ist stark und trägt. Für mich war das der Höhepunkt meiner Parlamentsarbeit, die ja nur vier Jahre dauerte.

Ironie nämlich, dass es ein paar Monate später genau die Frauenliste „Frauen macht Politik (Frap)" war, die den Grünen meinen Sitz wegnahm, obwohl ich ein fast unerklärlich gutes Einzelergebnis erreichte. Die Frauen hatten auf der Frapliste meinen Namen kumuliert.

Inhaltliche Themen standen selbstverständlich im Zentrum der Frauensession: So etwa Themen zur Vereinbarkeit von Beruf und Familie, Soziale Sicherheit für Frauen mit Familienpflichten, was ja dann später in der 10. AHV Revision mit den Erziehungsgutschriften teilweise erreicht wurde. Der Versuch, die Fürsorgearbeit der Lohnarbeit ebenbürtig zu zeigen, war noch nicht reif und ist es bis heute nicht.

Vielleicht war ein bisschen ein schlechtes Gewissen der Männer mit im Spiel. 1989 wurden die Diamantfeiern abgehalten, anlässlich der man der Aktivdienstgeneration mit vielen Festivitäten dankte. Doch wieder einmal waren vor allem die

Männer gemeint. Dass es ebenso viele Frauen waren, die die Männer während der Kriegsjahre ersetzten und eine Dreifachbelastung – nämlich neben Familie und Beruf auch noch Männervertretung – getragen hatten, wurde nicht gewürdigt. Wir jungen Politikerinnen protestierten dagegen und forderten für unsere Vorfahrinnen einmalige oder wiederkehrende Erhöhung der Alterssicherung. Wir wurden – natürlich – vertröstet auf die nächste Revision... Auf sie warten wir noch heute.

Ein anderes hartnäckiges Thema muss ich erwähnen: Gewalt gegen Frauen. Die Revision des Sexualstrafrechts lehrte mich das Schaudern. Was da „als normal" und „so ist es eben" zu hören war, erschreckte mich. In welchem Jahrhundert leben wir denn? Und die Frage, ob Gewalt in der Ehe zu bestrafen sei, war lange bestritten. Ich erinnere mich heute immer wieder daran, wenn ich ähnliche Argumente höre zum Thema Gewalt gegen alte Menschen. „Ach, das ist nicht so schlimm", „kann ja Mal vorkommen", „hängt das doch nicht so an die grosse Glocke"...Gewalt, so meine tiefe Überzeugung ist in all ihren Formen zu verurteilen.

Es gab und gibt auch Erfolge. Im Stadtrat kamen wir einige Jahre später zum Schluss, künftig eine andere Handlungsweise bei häuslicher Gewalt anzuwenden. Nicht die Frau wurde „entfernt" und in einem Frauenhaus untergebracht sondern der Gewalttäter wurde von der Polizei in Gewahrsam genommen. Das veränderte das Denken bei Polizei, Justiz und auch in der professionellen Arbeit mit den betroffenen Familien. Zürich – so meine ich – leistete da ein Stück Pionierarbeit, die auch in andern Städten und Kantonen aufgenommen wurde. Symbolisch für das „neue" Denken und die veränderte Strategie war, dass alle neun Stadträtinnen und Stadträte bei der Präsentation des Konzepts anwesend waren. Das gab es in meiner Erinnerung nur noch einmal, nämlich 2004 bei der Präsentation des Zürcher Asylmanifestes.

10. AHV-Revision: Frauenpolitik - Sozialpolitik

Seit Jahrzehnten ist die Frage nach Hausarbeit und Fürsorge, Hegen und Pflegen ein Politikum. Sie ist unentgeltlich, kostet scheinbar nichts, es sei denn, sie muss professionell erbracht werden. Immer wieder werden dann heftige Debatten geführt, wenn ein Betreuungstag für ein Kleinkind mit CHF 100.- pro Tag veranschlagt wird. Das kann doch nicht sein! Oder wenn die Betreuung eines Patienten zu Hause pro Stunde CHF 80.- kostet. Wer soll das denn bezahlen? Wenn Frauen die Betreuungsarbeit seit Jahrzehnten unentgeltlich tun, ist es eben „nichts wert". Das zieht sich hin. Auch als 2011 die Revision des Krankenversicherungsgesetzes vorgenommen wurde, war es ohne grossen Protest möglich, die Pflege (professionelle Dienstleistung), die zu bezahlen ist und die Betreuung (freiwillige familiäre Arbeit) die unbezahlt zu leisten ist, zu trennen.

In der 10. AHV-Revision war es soweit, dass endlich die Haus- und Erziehungsarbeit in die Rentenversicherung einbezogen und der sogenannte Erziehungsbonus eingeführt wurde. In meinen Augen ein völlig falscher Begriff. Es ist schlicht und einfach eine kleine Anrechnung der über Jahre hinweg geleisteten Arbeit. Eigentlich müsste man volkswirtschaftlich die Erziehung und Betreuung von Kindern als Investition in die Zukunft des Landes, meinetwegen auch in die Zukunft der Wirtschaft eines Landes, „rechnen". Denn, ohne dass diese Arbeit geleistet wird und zwar erfolgreich geleistet wird, geht nämlich gar nichts. Kein Mensch wird als tüchtiger Manager geboren oder als tatkräftiger Handwerker, sondern als ein sehr hilfsbedürftiges Wesen, das mindestens 15 Jahre rundum Begleitung braucht, um erwachsen und selbständig zu werden.

Alle weitergehenden Vorschläge, wie z.B. die freiwillige Tätigkeit in NGOs bei der 10. AHV-Revision ebenfalls in die Berechnung einzubeziehen, wurden abgewehrt. Das sei zu bürokratisch, entspreche nicht dem Milizgedanken(!?) der

Schweiz. Bis heute werden Millionen von Stunden, die in Familien (z.B. auch durch Grosseltern) und in NGOs geleistet werden, nicht versichert und sind nicht rentenwirksam. Das gibt ein völlig verzerrtes Bild der Sozialen Leistungen sowie der Kosten und diskriminiert vor allem die Frauen. Da auch die klassische Linke und die Gewerkschaften kaum je interessiert waren, die Nichtlohnarbeit als Arbeit anzuerkennen, hat bis heute ein umfassendes neues Denken und ein Einbezug aller Arbeitsleistungen in allen Revisionen der Sozialversicherungen keine Chance.

Es ist mir nie gelungen, die freiwillige Sozialarbeit, die Nichtlohnarbeit als wichtigen und unerlässlichen Pfeiler der Sozialen Sicherung zu etablieren. Meine – so glaube ich – jeweils leidenschaftlichen Plädoyers wurden sehr wohlwollend zustimmend zur Kenntnis genommen. Konsequenzen im Rahmen der Sozialen Sicherheit hatten sie nie.

NEUE BERUFLICHE LERNFELDER

Ich verstehe Sozialarbeit und mache mich selbständig

Die Vielfalt der Zugänge zu Theorie und Praxis sozialer Felder hatte mich herausgefordert und bereichert. Zunehmend hatte ich den Eindruck: Ich verstehe die Sozialarbeit. Das tönt vielleicht allzu selbstbewusst. Aber da ich häufig auch Referate halten konnte und auf Podien mitdebattierte, waren mir die Argumente immer vertrauter, auch die jener, die das Soziale per se kritisierten. Ich spürte, dass sich da eine Kritik am Wohlfahrtsstaat anbahnte, die auch überlagert wurde von Theorien des modernen Managements, die in den Reden von Begriffen wie Effizienz und Effektivität nur so strotzten. Die Reflexion, dass diese beiden Begriffe auch für die Sozialarbeit als berufliches Handeln und für Aufbau- und Ablauforganisation ihrer Institutionen relevant sind, nicht aber für die Menschen mit Problemen, war nicht einfach zu vermitteln. Menschen sind nun mal individuell unterschiedlich, sie haben

Geschichte und Geschichten, die nicht der gängigen Entwicklungspsychologie entsprechen, Menschen haben Defizite und sind deswegen doch vollwertig. Fachliche Debatten waren auch gesellschaftspolitische!

Verschiedene Rollen und klare Identität?
Ich hatte in den letzten fünf Jahrzehnten wohl zehn verschiedene Rollen. Es begann mit der Rolle "Sprecherin der Fachschaft Sozialarbeit" an der Universität, ich war Praktikerin, Dozentin, Projektleiterin, Erwachsenenbildnerin, selbständige Fachfrau, Parlamentarierin, Verfassungsrätin, Exekutivpolitikerin und Autorin von Fachpublikationen. Das scheint unmöglich zu sein, wenn man authentisch und geerdet bleiben will. Ich hatte da ein „einfaches Mittel". Was ich im Studium als unabdingbare Voraussetzung professionellen Handelns lernte, machte ich für mich zum ständigen Begleiter und so quasi zur Neunerprobe: Wissen, Können, Haltung. In diesem Dreieck muss ich bestehen. können. Das war für mich klar. Ich muss über das reden, schreiben und so handeln, was ich verlässlich „weiss" und zwar so, wie ich es „kann". Ich darf mir nicht einen Mantel oder eine Sprache oder ein Plagiat aneignen, das zu gross, fremd und untauglich ist. Selbstverständlich muss meine Haltung glaubwürdig sein. Da gilt es Tricks und Versuchungen aller Art auszuweichen. Sie führen in diese politischen Strudel, die wir ja heute fast als Maskarade täglich auch von den Grossen dieser Welt vorgestellt bekommen. Ich war immer besonders froh, wenn mir ein politischer Gegner sagte: Ich bin ganz und gar nicht ihrer Meinung, aber ich respektiere, dass Sie von dieser überzeugt sind.

Theorie und Praxis, die Sozialarbeit im Spannungsfeld
In unserem Studium der Sozialarbeit an der Uni Fribourg war klar, dass die praktische Ausbildung nicht zu kurz kommen darf. Sozialarbeit ist ein handlungsorientierter Beruf, der „mittendrin" stattfindet. Deshalb waren die Seminare auch konkrete Übungsorte.

- Der Leiter der Vormundschaft der Stadt Fribourg konfrontierte uns mit realen Fällen und verlangte, dass wir die Lösungswege, die Gesuche um Steuererlass z.B. oder die Anträge für Stipendien für die weiterführende Schulung der Kinder konkret formulierten. Diese Anfragen wurden bewertet.

- Der Sozialmediziner kam und konfrontierte uns mit Symptomen, die er bei Migrantinnen und Migranten diagnostizierte. Er verlangte, dass wir unterscheiden lernen, was ist die Diagnose und Therapie, wie wir sie als naheliegend verstehen und was ist die ganz einfache fast „hilflose" Behandlung, die trotzdem wirkt.

- Der Leiter des Sozialamts verlangte, dass ein Budget für eine fünfköpfige Familie erstellt wird, die mit den Geldern der Sozialhilfe auskommen und dazu auch noch Schulden abzahlen mussten.

Es war damals „revolutionär aussergewöhnlich", dass sich an der Hochschule Seminare mit „ganz normalen" Praxisfeldern des Gemeinwesens zu Lerneinheiten verbunden haben.

Zudem wurde insgesamt 12 Monate konkrete Arbeit in der Praxis verlangt. Ich hatte drei Lernorte: ein Heim für mehrfach behinderte Kinder, in deren „Schule" ich mitarbeiten und auch die Ferienvertretung übernehmen konnte.

Ein zweimonatiges Praktikum in einem Heim für schwer beeinträchtigte Kinder konfrontierte mich mit den Grenzen des Machbaren. Wie leben wir mit einem schwerstbehinderten Kind, das nie Aussicht auf Selbständigkeit haben wird? Was bedeutet das für die Familie? Was für die Betreuenden? Ich lernte über mich, dass ich bescheidener werden muss, auch gegenüber unserem Beruf. Sozialarbeit kann viel, aber auch zu wenig. In diesem Feld sind Heilpädagoginnen und Sozialpädagogen die geeigneteren Fachkräfte. Die Sozialarbeit kann Finanzierungsfragen klären und die strukturellen Rahmenbedingungen verbessern helfen, mehr wohl nicht.

Ein dreimonatiges Praktikum bei einer Pro Infirmis Beratungsstelle: Da wurde auf Grund der Akten ein Reiseplan für einen Tag ausgearbeitet, an dem mit dem Postauto – Autos gehörten noch längst nicht zur Ausstattung eines Sozialdienstes – oder mit dem Zug Familien mit behinderten Kindern besucht. Es wurden die weiterführenden Wege erörtert. Die Hausbesuche waren oft schriftlich anzumelden, denn noch längst nicht alle Bauernhöfe im Jura hatten Telefon. Das waren für mich berührende Begegnungen und zeigten, was Sozialarbeit im ländlichen Raum bedeutet und was es für die Menschen besagt, wenn man sich ihnen aufmerksam widmet und ihnen zuhört.

Schliesslich absolvierte ich ein halbjähriges Praktikum in einem Heim für ledige Mütter (sic), dem ein Kinderheim und eine Schule für Säuglingsschwestern angeschlossen waren.

Der Schweizerische katholische Fürsorgeverein führte dieses Haus seit Jahrzehnten und spürte natürlich, dass so eine solche Einrichtung kein Konzept für die Zukunft ist. Die Offerte an die Universität war: Bitte um eine Praktikantin, die dann einen Klärungs- und Planungsprozess einleiten könnte. Das war für mich ein wunderbarer Lernort. Ich konnte konkret mit den jungen Frauen, Mädchen arbeiten, mit ihnen über die Zukunft ihrer Kinder und ihre eigene nachdenken, gleichzeitig die organisatorischen und wirtschaftlichen Fragen einer solchen Organisation mitdebattieren. Zwei Dinge waren schnell klar: das Kinderheim kann nicht mehr sehr lange so weiter geführt werden. Die Feuerwehr war nicht mehr bereit, die Bewilligung zu erteilen, war es doch ein sehr altes Haus. Der Gedanke, dass da ein Brand ausbrechen könnte und 40,

50 oder mehr kleine Kinder in Sicherheit gebracht werden müssten, ebenso Wöchnerinnen, bereitete auch mir Albträume. Zudem konnte aufgezeigt werden, dass das Thema der unehelichen Schwangerschaft in vielen Fällen keine soziale Katastrophe mehr darstellen muss, aber längst nicht in allen Situationen. Es kamen immer wieder Mädchen, ganz junge Frauen, die – erst nach längerer Zeit – ihre Geschichten erzählten und sie waren geprägt von Missbrauch im Elternhaus, im Verwandtschaftsbereich, ja sogar von „Amtspersonen". Für diese Frauen wird es immer eine Wohnmöglichkeit brauchen, wo sie geschützt sind und ihre Erlebnisse verarbeiten können, mindestens so weit, dass für sie und die Kinder der nächste Schritt realistisch geplant werden kann.

Der Bericht nach Abschluss meines Praktikums führte dann mittelfristig dazu, dass es zwei kleinere geschützte Wohneinheiten für ledige Mütter gab, in der Zentralschweiz und in der Agglomeration Zürich. Kinder wurden früher und gezielter zu ihren Müttern, in Adoptionsfamilien oder in gemischte Wohnheime für Kinder platziert, damit ja kein Ghetto entstand.

Was vor fast 50 Jahren Lernfelder der Sozialarbeit waren, mag heute antiquiert erscheinen. Sie zeigen aber, dass sich Sozialarbeit immer wandelt, mittendrin ist und sich dem Wandel stellen muss ohne beliebig zu werden und einfach irgendwelchen Hypes nachzurennen.

Ich war damals als Studentin glücklich und beeindruckt, dass ich die Theorien aus den Vorlesungen an der Uni zusammenbringen konnte. Ich erfuhr, dass man Menschen in ganz besonders kritischen Lebensbezügen helfen und weiterbringen muss. Dieser Kernauftrag der Sozialarbeit bleibt natürlich über alle Jahrzehnte bis heute bestehen, wie unterschiedlich und wandelbar die Prämissen dazu auch sein mögen.

Später, als ich als Vorsteherin des Sozialdepartements zu entscheiden hatte, ob wir Praktikantinnen und Praktikanten aufnehmen, war es für mich klar, das gehört unabdingbar dazu. Die Realität ist immer Autorität für die Lernenden und ich versuchte in allen Sparübungen den Kredit für die praktische Ausbildung von Studierenden zu verteidigen.

Sozialarbeit hat Väter und Mütter
Es ist heute kaum mehr nachzuvollziehen, wie die Entstehung und Entwicklung der Profession schon seit je politisch geprägt war.

Einen Teil meiner „Lehr- und Wanderjahre" verbrachte ich in Luzern. Gerade da ist die Geschichte besonders deutlich:[3]

Die Abendschule für Soziale Arbeit in Luzern wurde in den 60er Jahren von Anton Vonwyl, einem christlichsozialen Politiker, gegründet. Er realisierte, dass in vielen Berufen Aufgaben nah an die Sozialarbeit herankommen und eigentlich zu einem Berufswechsel motivieren. Es waren häufig Berufe, wo intensive mitmenschliche Kontakte Alltag waren: Mit Krankenkassenverwaltern, Sonderlehrerinnen, Polizisten, kirchlichen Mitarbeitern, Arztgehilfinnen. Eine kostenpflichtige Vollzeitausbildung von drei bis vier Jahren kam für diese Personen ohne Einkommen nicht in Frage. So wurde die Abendschule ihre Chance. Dort wurde an drei Abenden von 19.00 bis 22.00 Uhr und an vier Wochenenden pro Jahr unterrichtet. Der Unterricht fand in Bildungszentren statt und gab so der Schulleitung und den Dozierenden auch Gelegenheit, ihre Studierenden persönlicher kennenzulernen und mit ihnen einen intensiveren Kontakt zu pflegen. Die zeitliche Belastung – kamen doch noch Fachlektüre und Prüfungsvorbereitungen dazu – war sehr anspruchsvoll. Ich fühlte mich als Dozentin und Lernbegleiterin in der Pflicht, wirklich etwas zu „bieten" resp. die alltäglichen Erfahrungen der doch älteren Teilnehmerinnen und Teilnehmer mit dem Lernstoff konkret zu verbinden. Das waren auch für mich intensive Lernprozesse. Die Realität des konkreten Berufsalltags kam ins Unterrichtszimmer und konnte nicht schöngeredet oder bagatellisiert werden.

Die Tagesschule für Sozialarbeit in Luzern galt damals in der Zentralschweiz als die konservativere, die „frömmere" auch, die Abendschule als die „linke". Die Tagesschule hatte „Mütter", nämlich Nonnen. Beiden Schulen, den Studierenden, wie den Dozentinnen und Dozenten war es klar, dass sie mittelfristig nur zusammen als Sprachrohr für die Professionalisierung auftreten konnten. So gründeten wir schon 1971 die Zentralschweizerische Arbeitsgemeinschaft für Sozialarbeit ZENTAS, in der dem Zeitgeist entsprechend, auch die Studierenden beider Schulen gleichwertig mit am Tisch sassen. Später kam dann noch die Heimerzieherschule dazu. Die gemeinsame Arbeit stärkte gegenseitig und der Grossrat, das kantonale Parlament, nahm von Verlautbarungen Kenntnis, nicht zuletzt, weil der Gründer der Abendschule, ebenfalls im Parlament sass.

1971 wurde die Akademie für Erwachsenenbildung gegründet. Es waren dieselben innovativen Geister, die schon bei der Gründung der Abendschule Pate standen, ergänzt mit Leuten von der Caritas Schweiz. Man war überzeugt, dass für das Unterrichten an Schulen mit Erwachsenen, für Lernprozesse in den Berufsschulen und für Kurse in Kirchgemeinden, Behörden und Gruppen Leute ausgebildet werden sollen, damit sie die Ressourcen der Teilnehmenden mit den Erkenntnissen der Agogik verbinden und nutzbar machen können. Ich konnte beim Aufbau des Curriculums mitwirken und an diesem kreativen Prozess teilnehmen. Es war eine intensive und fordernde Arbeit. Ich konnte dann 1974 selber vom Angebot profitieren und absolvierte während drei Jahren die Teilzeit-Ausbildung an dieser Akademie. Das brachte mir viel, gerade auch für Sitzungsleitungen, für Arbeitsgruppen, wo ja eben neben den Themen und Aufgaben auch die Dynamik und der Respekt aller, eine wesentliche Voraussetzung zum guten Gelingen sind.

Reform in Ausbildung zur Sozialarbeit
Die Bildungsreformen – wie in andern Berufen wie zum Beispiel Pflegeberufen auch – forderten in der Regel höhere Anspruchsprofile. Wie ist die Anerkennung über Akademisierung zu erreichen? Wie ist es dann mit Praxisnähe? Was passiert mit der Sachhilfe, den ganz alltäglichen Hilfsfunktionen, die Sozialarbeit auch immer beinhaltet?

Ich war hin- und hergerissen. Selbst hatte ich 1968 das Glück an einer Hochschule zu lernen und die Vielfalt und Interdisziplinarität zu geniessen.

Die Revision der Ausbildung in Sozialarbeit, der Differenzierung in verschiedene Stufen und in verschiedene Fachrichtungen begleitete mich immer und ich bleibe bis heute ambivalent. Ich bin stolz, dass Sozialarbeit ein Beruf ist, der ein professionelles Image hat, dass die Rektorenkonferenzen, die Praxisorganisationen, der Berufsverband Profil haben. Aber ich gestehe, tief drin, sehne ich mich manchmal nach der „sozialen Frauenschule", wo Menschen lernen, zu tun, was zu tun ist, täglich und konkret. Ich lächle über mich selbst: "Altfrauensicht?!"
Offen aber bleibt die Frage, ob es genügend Allrounder in der professionellen Sozialarbeit gibt oder ob die Spezialisierung, die ja meist ein Kriterium des Fortschritts und des Aufstiegs ist, unsere Basisarbeit gering scheinen lässt. Es ist ja wie in der Medizin auch. Alle schwärmen vom guten alten Hausarzt, der empathischen Hausärztin, aber Prestige haben diese wenig. Man will sich als Spezialist/in für XY präsentieren, denn das bringt meist auch einen höheren Lohn. In den Sozialämtern der Gemeinden aber, das ist meine feste Überzeugung, brauchen wir Allrounder. Menschen, die neugierig sind auf „was es alles gibt" und nicht Spezialis-

tinnen oder Spezialisten, die für einen schmalen Ausschnitt zuständig sind. Ich bin froh, gibt es spezielle Fachleute, die für besondere Fragen geeigent sind. Es ist wichtig, dass wir Fachkräfte für unsere Klientinnen und Kliennten holen können, und nicht diese von einem Ort zum anderen geschickt werden müssen. Mir kommen x Beispiele in den Sinn, wo heute ältere Menschen jammern, dass sie jetzt beim fünften Arzt seien und sich nicht ernst genommen fühlen, obwohl er ein Spezialist ist. Ich frage lächelnd zurück: für was denn? Offenbar nicht für sie als ganze Person in ihrer jetzigen Lebenslage. Ich würde es gern erleben, dass wir in der professionellen Sozialarbeit eine so starke Vorwärtsstrategie für die Allounderarbeit lancieren würden, wie heute der Verband der Hausärzte und Hausärztinnen.

Ich muss hier darauf verzichten, all die „Mütter und Väter"[4] zu nennen. Es ist ein immenser Reichtum, dass unser Beruf nicht einfach geschieht, sondern reflektiert, dokumentiert, erforscht, in so vielen Formen weiterentwickelt und weiter gelehrt wird. Ich bin so vielen dieser Mütter und Väter dankbar!

DER WOHLFAHRTSSTAAT HAT ZWEI GESICHTER
Der Wohlfahrtsstaat beglückt
Sozialpolitisch waren es eher ruhige Jahre. Der wirtschaftliche Aufschwung liess auch die öffentliche Hand grosszügig sein. Man wollte den Steuerzahlenden etwas bieten, sie sicher und „glücklich" machen. Der Wohlfahrtsstaat bekam auch in der Schweiz ein Gesicht. Man gab dem Geschehen das Label "Soziale Marktwirtschaft" und Links und Rechts schien damit leben zu können. Man arbeitete an einem umfassenden Kranken- und Unfallversicherungsgesetz KVG. Man erklärte die Drei-Säulen-Politik für die Alterssicherung zur nationalen Strategie, was auch Links und Rechts befriedigte. Sie schien Solidarität einzufordern. Das Umlageverfahren der AHV und gleichzeitig das Geschäfte- und Gewinnmachen mit dem

Kapitaldeckungsverfahren in der 2. Säule wurde als opportun angesehen.

Der Wohlfahrtsstaat bekommt eine Kehrseite

Ruhig war es aber keineswegs in der Stadt Zürich. Die 80er Bewegung begann; sie war laut, aggressiv, forderte Autonomie – ein autonomes Jugendzentrum zum Mindesten – forderte aber auch Wohnungen und zwar bezahlbare, negierte Strukturen und gängige Problemlösungswege. Die Bewegung war aber auch kreativ und humorvoll. Wandsprüche wie "Macht aus dem Staat Gurkensalat". Immerhin führte es neben allen Aufregungen und bösen Worten, Beschädigungen und kaputten Lebenswegen auch zu Lösungen: z.B. Die Stiftung Jugendwohnungen wurde gegründet, oder die Rote Fabrik mit ihren vielen Möglichkeiten wurde akzeptiert.

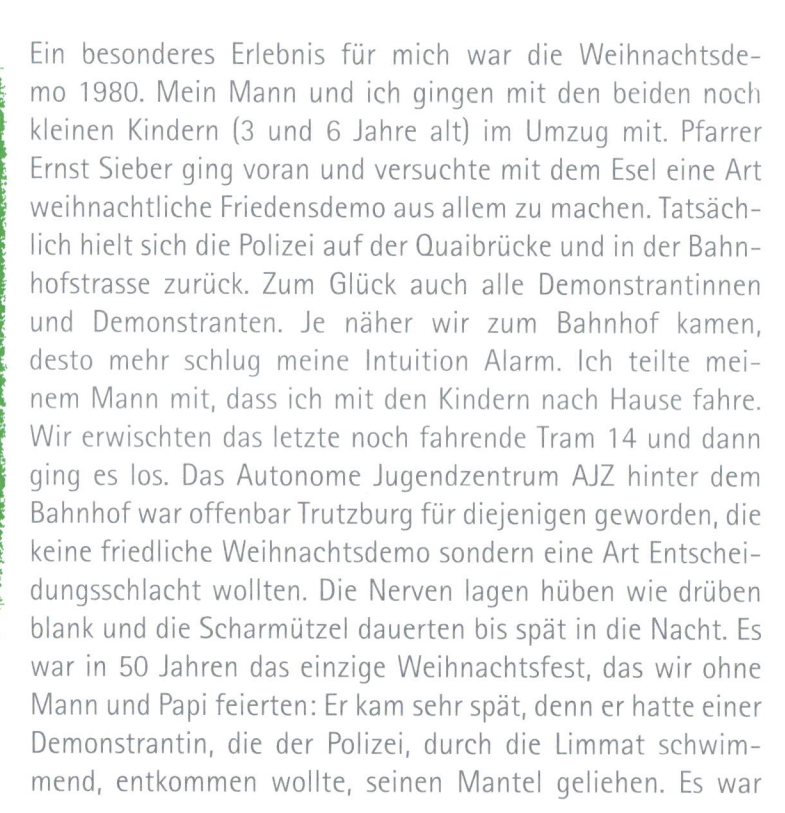

Ein besonderes Erlebnis für mich war die Weihnachtsdemo 1980. Mein Mann und ich gingen mit den beiden noch kleinen Kindern (3 und 6 Jahre alt) im Umzug mit. Pfarrer Ernst Sieber ging voran und versuchte mit dem Esel eine Art weihnachtliche Friedensdemo aus allem zu machen. Tatsächlich hielt sich die Polizei auf der Quaibrücke und in der Bahnhofstrasse zurück. Zum Glück auch alle Demonstrantinnen und Demonstranten. Je näher wir zum Bahnhof kamen, desto mehr schlug meine Intuition Alarm. Ich teilte meinem Mann mit, dass ich mit den Kindern nach Hause fahre. Wir erwischten das letzte noch fahrende Tram 14 und dann ging es los. Das Autonome Jugendzentrum AJZ hinter dem Bahnhof war offenbar Trutzburg für diejenigen geworden, die keine friedliche Weihnachtsdemo sondern eine Art Entscheidungsschlacht wollten. Die Nerven lagen hüben wie drüben blank und die Scharmützel dauerten bis spät in die Nacht. Es war in 50 Jahren das einzige Weihnachtsfest, das wir ohne Mann und Papi feierten: Er kam sehr spät, denn er hatte einer Demonstrantin, die der Polizei, durch die Limmat schwimmend, entkommen wollte, seinen Mantel geliehen. Es war dramatisch, ungut und hinterliess auch so etwas wie Ratlosigkeit: Wie geht das weiter, wohin soll das führen, wie kann man befrieden ohne faule Kompromisse? Es gibt darüber etliche Arbeiten von Leuten, die viel direkter und näher dabei oder besser, mittendrin waren, als ich. Die 80er Unruhen aber waren eine Zäsur in vieler Hinsicht.

Selbständig in der Sozialarbeit
Beruflich wagte ich nach den vielen guten Erfahrungen auf der Informationsstelle des Zürcher Sozialwesens den Sprung in die Selbständigkeit. Ich wollte die Erfahrung machen, wie ich als „Unternehmerin" zurechtkomme, wie ich den Mehrfachspagat zwischen Hausfrau, Mutter, Fachfrau und Politikerin auf die Reihe kriege. Das war ein gutes Experiment. Ich fühlte mich „frei", obwohl ich für relativ wenig Geld, sehr viel arbeitete. Ich bekam Lehraufträge, machte Praxisbegleitungen, ich konnte Projekte gestalten und Publikationen herausgeben, so z.B. für die damals noch sehr wichtige Landeskonferenz für das Sozialwesen LAKO zum Thema Freiwilligenarbeit. Diese Publikationen ergaben dann wieder Anfragen für Kurse und Seminare.

Meine unternehmerischen Angebote verstand ich auch als Hilfestellung für Kolleginnen und Kollegen in der Praxis. Ich stellte Arbeitsmappen zusammen zu den Themen: Leitbild, Mitarbeiter/innenbeurteilung, Jahresbericht schreiben usw. und ich offerierte einmal im Monat einen „Blauen Montag".

Montag früh um 8.00 Uhr kamen Leute zu mir ins Atelier. Bei Kaffee und Gipfeli informierte ich sie über zwei bis drei Fachbücher oder Fachartikel, die mir von Relevanz schienen. Ich wusste ja, dass man in der hektischen Praxis kaum genügend Zeit hatte, um sich immer wieder über neue Publikationen und die Weiterentwicklung der fachlichen Fragen ins Bild zu setzen. Diese eineinhalb Stunden – so hörte ich immer wieder – waren ein Gewinn. Mich verpflichteten sie, fachlich offen und auf dem neuesten Stand zu sein und für meine Kolleginnen sowie Kollegen bot ich somit einen guten Service.

Das ProjekTATelier bekam rasch einen festen Platz und ich war stolz, dass es mir gelang, Innovationen aufzubauen. Ich musste ja auf niemanden Rücksicht nehmen und konnte selbst entscheiden, ob ich das Risiko eingehen will und wie gross es sein darf. Ich wurde auch Arbeitgeberin und lernte die Verantwortung auf dieser Seite 1:1 kennen. Zwei Frauen arbeiteten in Teilzeit, mussten richtig entlöhnt, die Sozialleistungen korrekt abgerechnet und die Arbeitsplanung erfolgreich angepackt werden. Es war eine gute Schulung für mich. Ich machte diese Arbeit sehr gern.

Aktivierender Sozialstaat?
Ohne es mir bewusst zu machen, hatte ich im Rahmen eines grossen Auftrags der Schweizerischen Stiftung Pro Patria in meiner Firma ein neues Kapitel der Sozialpolitik aufgetan: Ich lancierte den aktivierenden Sozialstaat. Immer häufiger schafften es junge oder auch nicht mehr ganz junge Menschen nicht, sich in den Arbeitsmarkt zu integrieren. Wir entwickelten eine Fabrik für Nischenprodukte. Ein gutes Dutzend Menschen konnte dank dem Projekt herausfinden, was kann ich wirklich, wo ist meine Motivation, meine Leidenschaft, meine Kreativität; gemeinsam konnten sie Businesspläne entwickeln und bekamen Hilfe beim Herstellen und zu Markte tragen ihres Produktes. Ein intensiver, spannender und kreativer Prozess begann, der nicht nur für die Betroffenen, sondern für ihre Coaches, ihre Arbeitslosenberater (so hiessen sie damals noch), ihre Sozialarbeiterinnen zu überraschenden Ergebnissen führte. Ich lernte ein Unternehmen zu leiten, verantwortlich zu sein für die Finanzfragen, das Marketing, die Öffentlichkeitsarbeit und die Menschen – die Kundinnen und die Mitarbeiterinnen.

Arbeit statt Fürsorge war nicht nur so ein schnell hergesagter Slogan, sondern wurde zum Slogan der Sozialpolitik der 90er Jahre.

Erschütterungen aussen und innen
Die politischen Erschütterungen innerhalb Europas hatten Auswirkungen. Die Nationalisten in allen Ländern, auch in der Schweiz, bekamen Oberwasser. Die Wirtschaft wurde immer mehr zu einer globalen, in der auch die traditionellen Schweizer Grossartigkeiten zerfielen. Die Milch, der Käse, die Schokolade, die Banken... plötzlich schien alles obsolet, was noch zusätzlich zu Ängsten und Engherzigkeit führte. Wir Schweizer waren nicht mehr grossartig, nicht mehr einzigartig, sondern eher Aussenseiter, Nerds, Bankenzwerge und Geldwäscher. Das zerstörte Selbstbild, das mühsam wieder aufgebaut werden musste.

In der Sozialpolitik wurde es schnell deutlich: Ausländer wollen unsere Einrichtungen infiltrieren und sich hier holen, was sie – damals als Arbeitnehmer willkommen – mit einbezahlt hatten. Der Begriff vom Einmarsch der Ausländer in die Sozialwerke machte die Runde und zeigte, dass man dafür militärische Bilder benutzte. Der Schritt, dass nicht nur die Ausländer sondern alle, die Sozialleistungen beziehen, potentielle Feinde seien, die unsere Tüchtigkeit, unseren Reichtum, unsere Einzigartigkeit, untergraben, war naheliegend. Es begann mit dem Begriff der Scheinasylanten, dann kamen die Scheininvaliden und es war nur eine Frage der Zeit, bis auch die Sozialhilfebeziehenden kriminalisiert würden. Doch vorerst ging es darum, alles wieder in den Griff zu bekommen. Wenn schon alles in Bewegung geriet, so wollte man sicher sein, dass in den eigenen Grenzen die Steuerung gelingen kann. Die Innenpolitik veränderte sich in Ton und Inhalt, in Strategie und Kompromissbereitschaft, resp. die Unkultur entstand, einander fertig zu machen, statt zusammen zu arbeiten. Dass in den selben Jahren viele Medien entstanden, die von diesen Schlagzeilen lebten und sich so profilieren konnten, gehörte natürlich dazu. Was wir aus Amerika kannten, kam zu uns und wurde Alltag.

Lohnarbeit – Nichtlohnarbeit, neue Lernfelder tun sich auf
In der Sozialpolitik standen vorerst konkrete Sorgen auf der Traktandenliste. Arbeitslosenzahlen gab es erstmals auch regelmässig in der Schweiz und sie standen im Sorgenbarometer der Bevölkerung immer weit oben. Vollbeschäftigung war nicht einfach mehr „normal". Es gab Debatten zu Berufschancen im sich verändernden technologischen Umfeld. Immer deutlicher wurde, dass es weder für junge Menschen noch für über 50 jährige so ohne weiteres möglich war, sofort eine Stelle zu finden.

Was ich als selbständige Unternehmerin in meinem ProjekTATelier gewagt hatte, war das Ziel: Arbeit gestalten statt auf solche einfach hoffen. Diese Art Minitechnopark beflügelten mich und auch andere sozialpolitisch Verantwortliche. Man begann sich über Sozialfirmen und dynamische Angebote für die Arbeitsintegration zu unterhalten und die klassischen Beschäftigungsprogramme sowie Eingliederungsbetriebe bekamen neuen Schub.

Mit der Erholung der Wirtschaft verschwanden vorerst die Dynamik zu Arbeit, die Integration und neue Fragen in der Sozialpolitik wieder in den Hintergrund. Allerdings war die Idee des aktivierenden Sozialstaates geboren und fand zunehmend Akzeptanz.

Da bei uns die Soziale Sicherheit an die Lohnarbeit gekoppelt ist, ist jede verpasste Chance, wirklich in ein Lohnarbeitssystem hineinzukommen, auch eine Gefährdung der Sozialen Sicherheit.

Ressourcen von Freiwilligen – eine neue Konjunktur?
Die Mitwirkung von Freiwilligen, das Milizsystem, hat in der Schweiz Tradition und wir sind zu Recht stolz drauf. Viele Menschen arbeiten selbstverständlich einige Stunden pro Monat freiwillig in der Betreuung und Pflege, in der Ju-

gendarbeit und im Sport. In der 70er und 80er Jahren wurde wieder stärker bewusst, dass man diese Ressource gezielter und nicht nur zufällig nutzen kann und soll.

Eine Gruppe von NGOs, Pro Senectute, Caritas, Reformierte Kirche und Rotes Kreuz tat sich zusammen und publizierte zwei Broschüren, die weit verbreitet wurden und mehrmals nachgedruckt werden mussten: „Schön, dass sie kommen" und „Besuchsdienste aber wie". Das setzte in und um Zürich viel in Bewegung.

In der öffentlichen Sozialhilfe schaffte es die Sozialarbeit kaum je, die Ressourcen der Freiwilligen in ihre professionellen Ressourcen definitiv einzuplanen. Oft erlebten die Fachleute die Freiwilligen als Konkurrenten, als Störung oder als „falsche Sozialarbeiter" oder aber sie trauten ihnen nicht zu, dass sie im Hilfsplan und Prozess wirklich verlässliche Partner/innen sind. Auch als der Begriff Ressourcenorientierung en vogue war, wurden selten darunter Freiwilligeneinsätze für die Sozial- und Jugendhilfe verstanden. Im Vormundschaftswesen aber wurde bis zur Revision die private Betreuung, Privatvormünder und -beistände in grosser Zahl und in der Regel ohne Pannen zur Selbstverständlichkeit. Heute gibt es vor allem im Bereich der Altersbetreuung viele Menschen, die Treuhanddienste beanspruchen, die von Freiwilligen geleistet werden.

Bei Projekten scheint es einfacher zu sein. Freiwillige stellen sich gern für eine bestimmte Zeit zur Verfügung. So z.B. Mentoringprogramme, Begleiterinnen für Stellensuche, Coaches im beruflichen (Wieder-)einstieg und in der Integrationshilfe für Familien, die aus andern Kulturkreisen kommen und hier heimisch werden sollen. Deutschkurse für Fremdsprachige auf allen Ebenen und allen Niveaus werden durch zahlreiche Freiwillige geleistet, die ja nicht nur die Sprache vermitteln sondern auch unsere Lebensweisen, Eigenheiten, Besonderheiten. Das ist Integration im besten Sinn.

Das Bundesamt für Statistik versucht eine besondere Statistik zu erstellen, um auch diese volkswirtschaftlichen Leistungen irgendwie abzubilden. Manchmal tauchen Zahlen auf, die überraschen und dann aber wieder verschwinden, wie wenn sie keine Relevanz hätten.

So kann man ab und zu hören, dass die Hüteleistungen der Grosseltern, die ja zur Entlastung der familiären Budgets für Fremdbetreuung beitragen, über eine Milliarde Stunden pro Jahr betrage.

In der Grossmütterrevolution machten wir 2017 an einer Tagung mal einfach eine Momentaufnahme: wie viel Zeit und Geld (denn viele Eltern müssen ihre jungen Familien und Enkel oft auch finanziell unterstützen) setzt jede von uns pro Jahr ein. Wir sind bei 46 Teilnehmerinnen auf über 2 Millionen Franken pro Jahr gekommen. Die Hütedienste haben wir mit Fr. 30.- pro Stunde veranschlagt.

In der angelsächsischen Kultur hat die Freiwilligenarbeit, volunteers, charity, einen ganz anderen Stellenwert als bei uns, wo die Dominanz von Geld und materiellem Reichtum alle andern Werte zu überschwemmen droht. Öffentliche Anerkennung, Ehrung, Verdanken – das ist dort selbstverständlich – bei uns kaum.

Während meiner Amtszeit hatten mein Kollege vom Gesundheitsdepartement und ich den Zirkus Connelli, der immer in der Adventszeit auf dem Zürcher Bauschänzli gastiert, für eine Sondervorstellung gemietet und unsere Freiwilligen dazu eingeladen. Es war eine bescheidene Geste. Aber die Reaktionen waren überwältigend. Dass überhaupt einmal daran gedacht wurde, einfach zu danken, bedeutet Wertschätzung und Anerkennung und beflügelte viele wieder für ihre weiteren Einsätze.

Careleistungen sind nichts wert
Mit der 10. AHV-Revision wurde ein kleiner Schritt gemacht, die Fürsorgearbeit von Erziehenden als rentenwirksam anzuerkennen. Doch seither – immerhin sind es mehr als 20 Jahre – ist nichts in dieser Richtung passiert, resp. nichts durfte gelingen. Alle Versuche, freiwillig geleistete Stunden in den Steuern anzumelden oder NGOs dazu zu bringen, dass minimale AHV-Beiträge für ihre Freiwilligen einbezahlt werden, scheiterten. Wir werden uns in Zukunft noch viel intensiver mit dem Stellenwert der Carearbeit befassen müssen, soll sie zur Sozialen Sicherheit auch weiterhin den Beitrag leisten wie bisher. Die Professionalisierung aller Careleistungen wird die Budgets von Privatpersonen, Familien und Gemeinden strapazieren. Es wird immer Freiwilligenarbeit geben. Ich glaube, das ist eine menschliche Qualität, die nicht unterschätzt werden darf. Aber sie darf nicht zur Benachteiligung im eigenen sozialen Sicherungssystem führen. Dafür hätte die Sozialarbeit gute Argumente und auch klare Strategien, die sie konsequent einsetzen müsste. Deshalb scheint es mir unerlässlich, endlich eine soziale Absicherung der freiwilligen Leistung unbürokratisch einzuführen. Bei allen Revisionen zur Alterssicherung wird zu Recht von der Demografie gesprochen und von den Belastungen, die im Umlageverfahren die junge Generation gegenüber der älteren zu tragen habe. Abgesehen davon, dass dies seit 70 Jahren in allen Generationen, auch bei der heutigen Rentnergeneration so war, wurde nie von den Leistungen, welche die 3. Generation gegenüber den Jungen erbringt, gesprochen. Das bildet eine Asymmetrie in der Wahrnehmung.

Zurzeit präsidiere ich den Trägerverein der Unabhängigen Beschwerdestelle gegen Gewalt im Alter UBA. Wir arbeiten ausschliesslich mit freiwilligen Fachpersonen. Die Bearbeitung der Beschwerden erfolgt durch Juristen, Ärztinnen, Mediatoren, Sozialarbeiterinnen, Pflegefachleute... Damit ist das Erfahrungswissen einer grossen Zahl von Menschen eine wichtige Ressource zur Bewältigung eines Themas, das leider zunehmend an Bedeutung gewinnt. Durch das breite Spektrum von Wissen können wir praktisch für jede Beschwerde die bestens geeignete Fachperson einsetzen. In der Konfliktlösung zeigt es sich auch oft, dass es gerade das Erfahrungswissen ist, das die Glaubwürdigkeit erhöht. Unabhängig davon, dass dies eine effiziente und effektive Problemlösung bedeutet, spart es auch Kosten. Würden nur in zehn Prozent der Beschwerden Rechtsmittel ergriffen, gäbe das doch enorme Kosten und abgesehen vom Geld auch langfristige Schäden im Vertrauen zwischen Institutionen, den Betroffenen und ihren Angehörigen. So aber können die Konflikte rasch deeskaliert werden und Lösungen pragmatisch und zur Zufriedenheit möglichst Aller erfolgen.

Wir werden zu lernen haben, wie wir kreativ die Nichtlohnarbeit für die Soziale Sicherheit nutzen und wertschätzen können. Es gibt eine ganze Reihe von Ideen, die bisher politisch weder ernsthaft aufgenommen noch mit Verve vorangetrieben wurden, so z.B.

- wer unentgeltliche Arbeit leistet, soll in seiner sozialen Sicherheit der 1. Säule eine Gutschrift erhalten (analog der Erziehungsgutschriften für die Kindererziehung)

- soll eine Zeitgutschrift erhalten, mit der die Person später selbst Care Leistungen beziehen kann (St. Galler Projekt)

- soll eine Geldgutschrift erhalten, mit der die Person später Care Leistungen zu reduziertem Preis beziehen kann

- soll einen Steuerabzug machen können

- soll bei der Krankenkassenprämie eine Reduktion geltend machen können

- kann in einer zu schaffenden „neuen Säule" steuerfrei Geld einzahlen

- es wäre denkbar, dass die NGO, für jene denen Care Leistung erbracht wird, analog der Arbeitgeberbeiträge bei der Lohnarbeit, etwas mit einbezahlt, z.B. Minimalbeiträge zur AHV

- kann sich zusätzlich besser versichern in der Krankenversicherung, bei einer neu zu schaffenden Pflegeversicherung.

Die Sorge um die zukünftige Versorgung mit Pflege- und Betreuungsdienstleistungen sollte sich nicht im Jammern erschöpfen, sondern Platz macht für kreative Lösungen.

New Public Management – ein Lernprozess
Ein ausserordentliches Lernfeld wurde mir während meiner Anstellung bei der Fachstelle für Frauenfragen der Stadt Zürich offeriert. Ich hatte dort 1991/92 eine 50% Stelle und wurde in deren Rahmen in das Verwaltungsreformprojekt „Fit für morn" integriert. Damit wurden die damals immer stärker werdenden Strömungen von Verwaltungsreformen und NPM (new public management) auch in der Züricher Stadtverwaltung aufgenommen. Die Projektgruppe, zusammengesetzt aus je einer Frau und einem Mann aus jeder Verwaltungsabteilung, plus die Projektleitung (ich galt quasi als externe) hatte viel Freiraum, die Verwaltungsaufgaben zu überdenken, sinnvolle Bündelungen zu propagieren und auch weniger sinnvolle Aufgaben in Frage zu stellen. Für mich war es eine wunderbare Gelegenheit, die Verwaltung à fonds

kennenzulernen und mir kreativ und unbelastet Gedanken zu machen, wo und wie sie effektiver in der Zusammenarbeit gestaltet werden könnte.

In Gedanken und dann in der Tat...
Durch diese intensive Denkarbeit sind mir natürlich viele Ideen gekommen, so etwa:

- warum ist der Behindertentransportdienst beim Sozialdepartement und nicht bei den städtischen Verkehrsbetrieben, die doch einen Auftrag für alle (!) haben?

- warum gibt es ein Seniorenamt? Senioren sind doch per se nicht hilfsbedürftig oder brauchen eine besondere „Verwaltung"?

- warum ist die Drogenprävention nicht unmittelbar mit dem Schulamt verknüpft?

- warum ist das Arbeitsamt nicht näher beim Sozialdepartement, da die Nahtstelle zwischen Arbeitsintegration und Sozialhilfe doch immer fragiler wird?

Nach meiner Wahl in die Exekutive konnte ich viel von dieser Denkarbeit und dem Netzwerk profitieren und meine Überlegungen in die Tat umsetzen.

Es war natürlich abzusehen, dass die Realpolitik keine utopischen Konzepte zulassen würde. Ich lernte aber die Stadtverwaltung sehr gut kennen und konnte ein Netzwerk aufbauen, das mir dann in meiner Exekutivzeit sehr zu Hilfe kam. Ich lernte auch, wie die Sozialpolitik wahrgenommen und verstanden wurde. Sie muss Argumente finden, die überzeugen. Immer wieder konnte ich die Professionalität der modernen Sozialarbeit einbringen, die eben nachhaltige, integrative Lösungen und Prozesse will und nicht nur ein „Wegräumen" und „Verschwinden lassen". Ich bekam in diesem engagierten Projektteam damals Gehör.

Ich kandidierte 1990 für den Stadtrat und wurde gewählt, fiel aber als überzählig aus dem Rennen. Ich kam auf den 10. Platz. 1994 wiederholte ich den Versuch, es klappte und mir wurde das Sozialdepartement zugeteilt. Das war eine grosse Herausforderung, hatte doch meine Vorgängerin wie erwähnt 24 Jahre aus dem Vollen schöpfen können und es auch getan.

TEIL 2

SOZIALARBEIT IN DER EXEKUTIVE DER GRÖSSTEN SCHWEIZER STADT

Der 2. Teil des Lesebuchs umfasst meine Zeit als Stadträtin 1994–2008. Wie ist es möglich die Sozialarbeit als Profession mit einer Exekutivarbeit zu verbinden? Wo gibt es Chancen, wo Risiken?

Welche Themen sind wie zu bewältigen? Was macht die Prozesse von Politik und Sozialarbeit ähnlich oder ganz unterschiedlich?

Die Reformen in der Grundversorgung, die Integrations-bemühungen für den Arbeitsmarkt und die Soziokultur als Teil der städtischen Politik standen in den 14 Jahren meiner Exekutivtätigkeit im Zentrum.

Die Chance als Profi in der Exekutive auch gerade das Departement übernehmen zu dürfen, das meinen fachlichen Voraussetzungen am ehesten entspricht, ist sicher einmalig. Nicht alle waren glücklich darüber. Die Angst, dass ich in alle Details rein reden werde, war ebenso gross wie die Bedenken, dass ich nun Sozialarbeit von Staates wegen als allein seligmachenden Weg vertreten werde. Ich konnte schnell klarstellen: Ich vertraue den Mitarbeiter/innen – anders kann ein so grosses Departement auch gar nicht geführt werden – und ich bin eine Vertreterin der Vielfalt. Ich freue mich, wenn es viele private Initiativen und gemeinnützige Organisationen gibt, die ihre, dem Gemeinwohl verpflichtete Arbeit, in unserer Stadt leisten.

Bevor ich den Bericht über die Exekutivarbeit systematisch vornehme, sind die beiden wichtigsten und drängendsten Themen vorweg anzuschauen: der Balkankrieg und das Drogenelend.

Der Balkankrieg
Der Balkankrieg, ein schrecklicher Krieg, quasi in unserer Nachbarschaft, mitten in Europa, hatte Konsequenzen für alle. Viele Menschen kamen erschöpft und verwirrt, verzweifelt und doch voller Hoffnung in die Schweiz. Hunderte hatten da Beziehungen aus der Arbeitsmigration, Freunde, Verwandte oder waren gar selbst für kürzere oder längere Zeit in unserem Land beschäftigt gewesen. Damals waren sie willkommen, verdienten gutes Geld und wussten, dass sie wieder in ihre Heimat zurückkehren konnten. Diesmal waren sie nicht mehr so willkommen, man verweigerte ihnen Arbeit und sie wussten nicht, ob und wohin sie letztendlich hingehen könnten. Das verunsicherte, entwickelte Aggressionen; vor allem junge Männer fielen auf, weil sie sich z.T. auf kriminelle und aggressive Handlungen einliessen. Die Verantwortlichen der Schulen waren maximal gefordert. Das ganze Auffangsystem auch.

Damals galt die Regel, dass man proportional zur Einwohnerzahl Flüchtlinge aufnehmen musste. Das bedeutete, dass jeder 12. Einreisende der Stadt Zürich zugeteilt wurde. Zum Glück hatten wir hier professionelle Organisationen wie die Asylfürsorge, später die Asylorganisation Zürich. Diese konnten wir nach 2003 in eine öffentlich rechtliche Anstalt überführen. Ein engagiertes Team konnte schnell für fast alle Einreisenden adäquate Unterkünfte freimachen, dank der Mitwirkung des gesamten Stadtrates, der Bauämter, der Liegenschaftenverwaltung, des Schulamts usw. Jeweils am Abend kamen per Expresspost oder Kurier die Dossiers, manchmal 5, manchmal 12, manchmal 20 und am Vormittag des folgenden Tages, die Schutz suchenden Menschen. Sie mussten empfangen, informiert und bis am Abend untergebracht werden. Manchmal mussten wir Personen in einer Pension einquartieren, bis andernorts wieder Betten frei wurden.

All jene werden schmunzeln, die sich an den Hype erinnern, der viele Jahre später inszeniert wurde. Eine Familie musste in einer Billigpension untergebracht werden. Die betroffene Familie ging buchstäblich in die Geschichte der Sozialarbeit als „Hotelfamilie" ein. Damals aber – bei der Bewältigung der Platzierungen für die Balkanflüchtlinge – interessierte das niemand. Es galt wie schon seit Jahrhunderten: Sozialpolitik heisst aufräumen, wegräumen, ordnen. Natürlich waren die verschiedensten Unterbringungsorte, wie Pensionen und Hotels, auch in der Kritik.

Wir mieteten nach Möglichkeit leer stehende Häuser und Wohnungen, so auch am Zürichberg. Es stand ein Haus mit Garten einige Monate leer, bis das geplante Bauprojekt in die Realisierungsphase kommen konnte. Eines Tages erschienen 22 Leute aus der Nachbarschaft in meinem Sitzungszimmer. Sie protestierten, dass in ihrem Quartier solche Leute mit Kindern, die im Garten lärmten, untergebracht würden. Ich liess mich nicht beeindrucken und sagte: Ja, das ist so. Das gehört zu unserer Welt. Mit diesem Vorgehen machte ich mir da keine Freunde.

Eine ganz andere Sache waren natürlich die Kosten. Auch wenn der Bund damals noch grosszügig die Arbeit der Kantone und Gemeinden finanziell mittrug, entstanden Kosten, mit denen niemand wirklich gerechnet hatte.

Ein Beispiel: Der katastrophale Zustand der Zähne der neuen Einwanderer. Wie damit umgehen? Wir konnten ja kaum mit öffentlichen Geldern die Gebisse des „halben Balkans", wie wir damals manchmal zu unserer Entlastung auch scherzhaft sagten, sanieren. Eine kleine Arbeitsgruppe hielt fest: Schmerzen werden selbstverständlich behandelt. Bei Kindern werden jene Sanierungen vorgenommen, die zu Sprachentwicklungsstörungen führen können. Die entsprechenden Kosten werden übernommen. Auf alle anderen Behandlungen muss verzichtet werden. In Zusammenarbeit mit den Vertrauenszahnärzten konnten wir so zumindest Schlimmes verhindern. Solche Regelungen mussten nicht an die Öffentlichkeit.

Alle waren froh, dass die Balkanflüchtlinge in Zürich „nicht weiter auffielen". Einen weiteren Ausbau, einige Jahre später, möchte ich gleich hier erwähnen. Mit Jugendlichen aus verschiedenen Kulturen, die im Ausgang waren, gab es Spannungen und auch Raufereien. Die Gruppe Sicherheit, Intervention, Prävention (SIP) – ich werde auf sie zurückkommen – alimentierten wir nach Möglichkeit mit Leuten aus dem Sprachfeld der Jugendlichen. Es waren also Mitarbeitende, die albanisch, mazedonisch, usw. sprechen konnten. Hand aufs Herz: Mal tüchtig „Tacheles" reden, was geht und was geht eben nicht, erfordert die Muttersprache. Alle hochdeutschen Formulierungen: Das geht nicht oder ähnliches tönt am Morgen um ein Uhr schlicht „von einer andern Welt", was es ja auch ist.

Die Bewältigung der Zuwanderung forderten Exekutive und Verwaltung zum gemeinsamen klugen Vorgehen. In der Stadt Zürich war dieses Comittment vorhanden. Es führte 2003 dann zum Zürcher Asylmanifest[5].

> Bei der Präsentation des Manifestes waren alle neun Stadträtinnen und Stadträte anwesend. Es ging um gemeinsame Lösungen für ein gemeinsames Problem, das auch bis heute und für die Zukunft eigentlich einen ähnlichen Zusammenschluss brauchen könnte. Damals war es möglich, dass professionelle Sozial- und Facharbeit den Lead übernahm.

DIE DROGENSZENE – EINE GEFAHR FÜR ZÜRICH?

In den 80er Jahren wurden die Drogenprobleme immer manifester, besonders in Zürich. Was als lästig empfunden am Limmatquai begann, entwickelte sich zu einer Szene im Platzspitz. Dort sammelten sich einheimische und durchreisende Händler und Süchtige auf „ihrem Markt". Nahe beim Bahnhof, ein bisschen geschützt durch die Grünanlage und doch mitten in der City schien der Platzspitz ein dafür geeigneter Ort zu sein. Die Auseinandersetzung, was mit all den „Drögelern" zu tun sei, nahmen immer heftigere Formen an. Man setzte einerseits auf die Repression. Die Polizei rückte ein, die Szene verschwand, um sich nur wenige Minuten später wieder auszubreiten. Viele gut meinende Helferinnen und Helfer erschienen, brachten Essen und Decken. Die Szene am Platzspitz wurde zunehmend nicht nur für den Handel und den Konsum genutzt, sondern je mehr die Menschen verwahrlosten und eben auch von auswärts kamen, desto mehr wurde dort das Drogencamp etabliert. Verzweifelte Eltern und Angehörige suchten dort ihre „Kinder", fanden und verloren sie wieder. Der Begriff des „Needleparks" begann damals weltweit die Runde zu machen und schädigte den Ruf der Stadt Zürich. Andererseits wurden internationale Händler und Konsumenten erst recht davon angezogen. Der Teufelskreis drehte sich ununterbrochen.

Zürich fühlte sich allein gelassen. Alle fanden, man sollte, man müsste, aber niemand bot Hand. Schliesslich wurde 1992 vom Statthalter der Befehl erteilt, die Drogenszene am Platzspitz sei durch die Stadt- und Kantonspolizei aufzulösen. Dies erfolgte, jedoch ohne dass die Konsequenzen wirklich durchdacht und notwendige Alternativen vorbereitet waren. Deshalb passierte, was passieren musste: die Szene verschob sich einfach an einen andern Ort, an den stillgelegten Bahnhof Letten.

Was bis heute nicht akzeptiert, respektive verdrängt wird: selbstschädigendes Verhalten ist per se nicht strafbar. Wenn sich jemand zu Tode trinkt, dann ist das eine tödliche Krankheit aber kein „Verbrechen" und ebenso, wenn sich Süchtige mit Drogen aller Art vollstopfen. Verboten sind „nur" die Substanzen, nicht der Konsum. Das macht jede kohärente Prävention und Therapie so schwierig und brüchig. Dass das Faszinosum „illegal" gerade auch bei Jugendlichen dazu kommt, weiss man ebenfalls. Eine stringente Politik müsste akzeptieren, dass die Suche nach dem Rauschzustand offenbar zum Menschen gehört, woher auch immer dieser Rausch kommen mag. Man könnte und müsste aufklären, dass es Folgen gibt, die irreparabel sind und nachhaltig zerstören. Aber eben: beim Alkohol läuft die Lobby schon Amok, wenn man die Werbung einschränken will. Die selben Personen schreien laut auf, wenn man von einer Regulierung der heute „verbotenen" Substanzen spricht, bekämpfen aber ebenso lautstark jede Einschränkung der Werbe"freiheit" für Alkohol und Nikotin. Die Widersprüche bleiben.

Intervention in Grosssystemen – da erinnerte ich mich an mein Studium – braucht eine strategisch kluge Vorbereitung. Schnellschüsse sind kontraproduktiv. Repression allein ist nie eine hilfreiche Strategie. Sie verschärft nur. In den 90er Jahren war es dann so weit, überlegt, methodisch und mit viel Kraft das System zu ändern.

Die Drogenszene, die hunderte von Menschen in eine kollektive Verwahrlosung getrieben hatte, wurde zum Makel, zur Rufschädigung der Stadt Zürich. Familien mit Kindern wollten kaum mehr hier leben, Firmen, so ein grosser Detailhändler, verklagten die Stadt sogar. Die Drogenabhängigen lebten unter menschenunwürdigen Zuständen am stillgelegten Bahnhof Letten. Sie wurden von den Händlern fast KZ artig ausgebeutet und gequält. Die Abhängigen mussten kriminell werden, sich prostituieren, damit sie den Stoff bezahlen konnten. Es wurde immer deutlicher, dass der Grossumschlagplatz Zürich anhaltend mehr auch mafiöse Strukturen bekam. Das Problem war längst kein Randgruppenproblem mehr, sondern eine Frage des ganzen Gemeinwesens. Dementsprechend musste eine, an der professionellen Gemeinwesenarbeit orientierte Lösung gesucht und gefunden werden. Die Betroffenen und ihre Angehörigen, die Behörden aller staatlichen Ebenen sowie die Quartierbewohner/innen der Umgebung und letztlich der ganzen Stadt waren einzubeziehen, eine Herkulesaufgabe. Erschwert wurde die Arbeit natürlich von politischen Sperrmanövern. Überlebenshilfe wurde als Aufforderung zum Drogenkonsum angeklagt, Wohn- und Aufenthaltsstrukturen, die aufzubauen waren, wurden als neue Einladung zu offenen Szenen beschimpft und Polizei sowie die Gesundheits- und sozialen Fachleute standen sich kritisch gegenüber.

Es gab im Gemeinderat einen Vorstoss, der verlangte, dass die Betroffenen mittels Fürsorgerischen Freiheitsentzug (FFE) in die Psychiatrische Klinik einzuweisen seien und die Szene am Letten geräumt werden müsse. Dieses stärkste aller staatlichen, obrigkeitlichen Mittel war in einem Rechtsstaat sicher nie als ordnungspolitisches Instrument gedacht. So standen sich die Argumente jener juristischen Verfechter gegenüber, die darin genau den Sachverhalt erfüllt sahen, der zu einem solchen Vorgehen verpflichtet und jene, die mit ethisch und menschenrechtsfundierten Argumenten dagegen hielten. Zudem war ja eigentlich allen klar, dass die Psychiatrischen Kliniken hoffnungslos überfordert wären, wenn sie hunderte von süchtigen Menschen aufnehmen und vor allem für längere Zeit beherbergen müssten. Dafür fehlte ebenfalls die Rechtsgrundlage. Ich musste hier auch eine klare professionelle Position beziehen. Ein FFE kommt nicht in Frage, ordnungspolitisch schon gar nicht.

Die nationale Ebene zeigte wenig Lust, sich mit „dem Zürcher Problem" zu befassen und auch die Gemeinden im Kanton Zürich und den angrenzenden Kantonen waren sehr froh, dass sich ihre Drogenabhängigen in der Stadt Zürich aufhielten und wollten sie dort belassen.

Ich hatte mich ja schon lange mit dem Thema fachlich auseinandergesetzt. Mir war bei der Aussicht auf die Monate langen, intensiven Arbeiten „nur" für dieses eine Thema bange. Der Sommer 1994 war besonders schrecklich. Auf dem Letten war eine riesige Szene mit völlig verwahrlosten Menschen entstanden.

Zusammen mit meiner im Stadtrat ebenfalls neu eingetretenen Kollegin, Kathrin Martelli, – sie war zuständig für das Departement Tiefbau – beschlossen wir, im Letten einfach einmal eine Putzaktion durchzuführen. Natürlich wurde das als lächerliche Hausfrauenaktion in den Medien dargestellt. Die Tatsache, dass an einem Morgen die Drogenabhängigen von den Streetworkern und Sozialarbeiterinnen vom Letten weggeschickt wurden, die Polizei die Dealer in Schach hielt und die Bagger des Tiefbauamts auffuhren um die „Gleisinhalte" – ich erspare die Detailschilderung – weg zu transportieren und halt am Abend neue „saubere" Unterlage anzubringen, hatte für mich, hatte für uns etwas mit Würde zu tun. Mehr nicht, das aber schon.

Als ich im Sommer 1994 meinen Kollegen vom Polizeidepartement während seinen Ferien ablöste, passierten zwei

Morde. Die Kämpfe im Händlermilieu waren für die Polizei fast nicht zu bewältigen. Der zweite Mord passierte zudem an dem Wochenende, als die Streetparade stattfand; damals noch ein sehr viel aussergewöhnlicheres Ereignis als heute. Ich sass mit dem Kommandanten der Stadtpolizei, mit den Einsatzleitern des Kantons Zürich und der angrenzenden Kantone in der Kommandozentrale zusammen. Wir mussten überlegen, wo wir Präsenz zeigen und wo hat was Priorität. Um den Leichnam eines Ermordeten aus dem rechtsmedizinischen Institut heraus zu" erpressen", stoppte eine Dealergruppe die Auslieferung des Stoffes. Das schien in der Szene, damit in den Kreisen 4 und 5, zu einer immer heisseren und unberechenbareren Situation zu führen. Es ging darum, dass sich die beiden rivalisierenden Clans den Markt gegenseitig streitig machten. Sollten die Einen nicht liefern, wäre es ja denkbar, dass die Andern „übernehmen". Eine eigentliche Kriegssituation. Und das während an der Seepromenade Tausende von Menschen tanzten und sich in Sicherheit wähnten. Es war eine Gratwanderung, die zum Glück gelang. Ich aber bekam eine Wut und damit Energie: Meine Stadt (ja ich fühlte es wirklich so) darf doch von „Diesen" nicht kaputt gemacht werden.

Krieg in und um Zürich darf es nicht mehr geben
Am Sonntag entspannte sich die Situation dank der Zusicherung, dass der Leichnam am Montag freigegeben werde. Wir informierten die Medien, die auch über den weiteren Verlauf der Streetparade Auskunft wollten. Ich erklärte zum Schluss dezidiert: Diesen Krieg in und um Zürich darf es nicht mehr geben. Wir fordern die kontrollierte Heroinabgabe für die Schwerstsüchtigen.

Das war Klartext und ein Sturm der Entrüstung ging los, Fragen aus dem In- und Ausland stürmten auf mich ein. Auch meine Kolleginnen und Kollegen im Stadtrat waren über mein Vorpreschen nur mässig begeistert. Sie halfen aber mit und schon in der Woche darauf fuhr der Stadtrat nach Bern zum Innenminister.

Das Projekt zur kontrollierten Verschreibung von Heroin wurde aufgegleist. Fachleute hatten es schon lange angedacht. Jetzt gab es grünes Licht und damit war eine relativ rasche Abwicklung der Realisierung möglich. Das bedeutete aber auf Seite der Stadt Zürich die notwendigen Vorbereitungen zu treffen: Polikliniken einzurichten, das entsprechende Personal rekrutieren und ausbilden Es waren Kontakt- und Anlaufstellen dezentral einzurichten, damit es keine grosse „Restszene" an einem Ort mehr geben kann. Zudem wurden Polizei, soziale und gesundheitliche Fachleute gemeinsam geschult, wie sie auch vereint vorzugehen hätten bei der Auflösung der offenen Szene an den folgenden Tagen. Das war befreiend und revolutionär. Standen sich die Repression und die Hilfe (so wurde es verstanden) über Jahre feindlich gegenüber, wurden sie nun zum gemeinsamen Team. Die Gesundheitsleute, die sich auf heilen und pflegen ausgerichtet wussten, mussten nun akzeptieren, es gibt Süchtige, für die Abstinenz einen zu grossen Schritt bedeutete. Die Süchtigen brauchen Stufen und dabei ist ihnen zu helfen. Es wurden an wichtigen Knotenpunkten Kondom-Automaten eingerichtet und in der Nähe des Hauptbahnhofs der Spritzen Bus. Denn die HIV Ansteckung war noch immer das tödliche Damoklesschwert über Allen. Das war ein enormer verwaltungsinterner Lernprozess, der auch dem Stadtrat viel abverlangte. Allen steckte der obrigkeitliche Befehl, den damaligen Platzspitz sofort zu räumen, noch in den Knochen. Die Ausführung des Befehls führte zum Desaster. Jetzt aber waren wir vorbereitet. Alle waren total sicher: jetzt muss es gelingen und dazu tun wir alles.

Das hiess auch, die Öffentlichkeit, die Quartierbevölkerung, die Lehrerinnen und Lehrer, Eltern sowie ältere Menschen zu informieren. Es galt ihnen die Sicherheit zu vermitteln, dass wir präsent sind und die Sache nicht schleifen lassen werden. Es war eine intensive Zeit mit täglichen Abendveranstaltungen. Da flogen auch schon mal rohe Eier auf den Stadtpräsidenten und mich.

Ziemlich schwer zu verdauen war eine Morddrohung bei mir zu Hause. Meine damals 17 jährige Tochter war am Telefonapparat. Wir gingen gemeinsam zur Polizei, die eigentlich auch nur versprechen konnte, oft in unserem Quartier zu patrouillieren. Ich musste mich – und meine ganze Familie – einfach vertrauensvoll „leben lassen" und hoffen, diese wohl mafiose Warnung sei „nur" Angst machend, mehr nicht. Meine Kinder, mit denen ich bewusst die Szene auf dem Letten besucht hatte, wussten eigentlich schon, um was es ging. Aber es war doch eine sehr belastende Zeit.

Der Tag, an dem die Szene des Letten aufgelöst und mit dem Bau eines Zaunes das Ende der offenen Szene deklariert wurde, war vor allem ein Medienereignis. Medien aus aller Welt standen bereit und waren zum Teil enttäuscht, dass dies geordnet, ruhig ablief, perfekt vorbereitet war und keine Dramen sich abzeichneten; so gab es auch nichts zu filmen.

Uns war natürlich klar, dass die Lakmusprobe die Tage danach zu erwarten war. Doch dank intensivem Einsatz buchstäblich aller, auch z.B. jener Freiwilligen, die sich während ein paar Wochen für die Schulwegsicherung zur Verfügung gestellt hatten, gelang es, den öffentlichen Raum von Drogenkonsum freizuhalten.

Es gab für mich berührende Szenen: Da sah man einen gestandenen Stadtpolizisten, der einen Schwersüchtigen ansprach, ob er wisse, wo die nächste Kontakt- und Anlaufstelle sei und ihn, wenn er in ganz schlechtem Zustand war, mit dem Auto sogar dort hinbrachte. Es gab Sozialarbeiter, die mit ihrem autoritären Auftreten Kleindealer wegtrieben.

Diese Händler müssten sich ihren Markt neu organisieren, hiess es da klipp und klar. Dass zuerst achzig, dann über hundert schwerst Süchtige in den Polikliniken mit Heroin in sauberer Form versorgt wurden, hatte weder die von den Schwarzmalern in düstersten Farben verkündeten zerstörerische Wirkung, noch bildeten sich dort neue Handelszentren. Es gab ja keine vom „Markt" abhängigen Kunden mehr. Angestellte des Securitasdienstes beobachteten die Umgebung der Anlaufstellen und es ergaben sich Gespräche zwischen ihnen und den Dauerkunden.

In den Kliniken Lifeline und Crossline der Stadt und in der privaten Abgabestelle konnten Ärzte und Fachleute der Psychiatrie, Sozialarbeiterinnen und Streetworker dank dem täglichen Kontakt in der Poliklinik den Gesundheitszustand der schwer Abhängigen beobachten und behandeln. Die massive Verwahrlosung, Gelbsucht, schwere Lungenentzündungen reduzierten sich und offensichtlich konnte auch die HIV Ansteckung drastisch verringert werden. So langsam setzte sich die Erkenntnis durch, die kontrollierte Heroinverschreibung ist vielleicht doch ein Mittel, um der Verelendung der Betroffenen beizukommen. Sicher aber konnten wir zunehmend aufatmen: unser Ziel, eine „stadtverträgliche" Lösung des Drogenproblems war erreicht worden. Ein Aufatmen gibt es aber in diesem Thema nie.

Deutlich wurde das, als an einem Abend eine Drogen konsumierende junge Frau in einer Toilette der Klinik Crossline ein Kind geboren und auf die Strasse geworfen hatte und es so tötete. Alle waren erschüttert, entsetzt und fragten sich, wie so etwas geschehen konnte. Tatsächlich, so das eingesetzte Expertengremium, gibt es Drogenabhängige, die ihr Gefühl für den eigenen Körper total verloren haben. Es kann sein, dass diese Frau nicht realisierte, dass sie schwanger ist. Die meisten abhängigen Frauen menstruieren nicht mehr. In den Kontaktstellen und in den Polikliniken wurde auch niemand aufmerksam, da die brandmagere Frau kaum zugenommen hatte und ihre Kleidung auch einem sehr speziellen „Muster" entsprach. Es wurde später dann psychiatrisch auch diagnostiziert, dass die Frau die Geburt kaum „erlebt" hatte. Sie meinte, es sei ein besonders grosser Kotbrocken. Da der Säugling aber in der Toilette nicht hinuntergespült werden konnte, warf sie ihn aus dem Fenster. Sie erzählte auch nach der „Geburt" niemandem etwas von den besonderen Vorkommnissen in der Toilette. Für uns alle war das ein Rätsel und wir beriefen ein Kolloquium ein, um zukünftig solche Fälle zu verhindern. Doch sowohl die Fachleute der Gynäkologie wie der Psychiatrie hielten fest: man kann eine Schwangerschaft und eine Geburt nur begleiten, wenn man von ihr weiss. Wenn die betroffene Frau davon „nichts weiss", gibt es auch keine Sicherheit, dass so etwas nie mehr vorkommt.

Erfolg?
Die stadtverträgliche Bewältigung des Drogenthemas war für mich und wohl auch für die Sozialarbeit als Profession ein Lehrstück: Wie kann man ein Mehrfachproblem, dass sich hartnäckig in einem Gemeinwesen etabliert hat, fachlich und menschlich korrekt angehen? Leider hat niemand in der Sozialarbeit, das für unsere Profession als Erfolg reklamiert. Meine Abschlussarbeit an der Uni, die die Mehrdimensionalität in Analyse und Bearbeitung forderte sowie beschrieb, war auch genau der professionelle Ansatz- so finde ich bis heute – die den Erfolg brachte. Sie zeigt zudem, dass Sozialarbeit ein Beruf ist, der immer mit Interdisziplinarität gekoppelt ist. Ich selbst verstand mich während des ganzen mehrmonatigen Prozesses der Vorbereitung und Durchführung als Mitglied in einem interdisziplinären „Team". Zu diesem gehörten auch die Kantone und Gemeinden, ja selbst der Bundesrat und die UNO Kontrollbehörde mit ihrer skeptischen Beobachtung des Projektes der kontrollierten Heroinverschreibung.

Die Sozialarbeit ist eine Profession, die nie Erfolge erzählt und darstellt. Woran mag das liegen? Jede Spezialdisziplin der Medizin z.B. lädt zu einer Pressekonferenz, wenn in einem Fall ein Durchbruch erfolgt ist. Jede handwerkliche und jede wissenschaftliche Disziplin ist stolz auf ihre Erfolge und kommuniziert sie, nicht so die Sozialarbeit.

Ich sprach im Amt einmal die Bitte aus, dass alle Abteilungen Ausschau hielten nach den zehn erfolgreichsten Fällen des letzten Jahres. Das war fast nicht möglich. Niemand schien Erfolg als Erfolg zu werten und fast gar niemand war bereit, das tatsächlich zu kommunizieren. Schlussendlich kam die Publikation "Geschichten aus dem andern Zürich"[6], zustande. Doch so richtig stolz darauf war niemand.

Ich halte bis heute Ausschau nach Communiqués und Pressekonferenzen, an denen nicht Soziale Probleme geschildert, sondern Lösungen und Erfolge kommuniziert werden. Ich erlebe es auch heute nie.

Städteinitiative
Bei der Arbeit zur Bewältigung der Drogenprobleme war auch die klare Strategie der Vernetzung mit andern Städten unabdingbar. Ich lud mehrere Kolleginnen und Kollegen nach Zürich ein. Sie kamen, teils skeptisch und teils neugierig. Im vertraulicheren Gespräch wurde dann auch zugegeben: man sei froh und dankbar, dass dieses grosse Problem in Zürich stattfand und nicht in ihren Städten. Natürlich hatten sie auch Drogenabhängige: Einige Kolleginnen und Kollegen gaben auch unumwunden zu, dass sie die Süchtigen nach Zürich schickten. In der Westschweiz insbesondere war die Wahrnehmung des Drogenproblems noch viel ideologischer geprägt als mittlerweile in der Deutschschweiz. Bei einer Debatte in Lausanne wurde ich schwer beschuldigt. Zürich und ich schädigten, durch meine Forderung nach der kontrollierten Heroinverschreibung, ihre Strategie der totalen Abstinenz. Ich glaube, heute würde das niemand mehr so sagen.

Die Erkenntnis, dass es das Ziel der totalen Abstinenz nicht geben kann in einer Kultur, die auf Konsum aufbaut, scheint zwar selbstverständlich zu sein, ist es aber nicht. Unser Wachstum gründet ja auf einem immer gierigeren Konsum von allem. Das - so heisst es - begründe unseren Wohlstand.

Die Folgen des Balkankrieges und die Auflösung der Drogenszene waren sehr anspruchsvolle Arbeiten, die mich in den ersten Jahren meiner Exekutivzeit vollumfänglich forderten.

Meine Arbeit in der Exekutive der Stadt Zürich dauerte 14 Jahre. Die Schwerpunkte waren:
- Grossstadtprobleme und ihre Bewältigung
- Soziale Grundversorgung und ihre Organisation
- Ergänzender Arbeitsmarkt – Arbeit statt Fürsorge
- Interagtion und Zusammenhalt in einem grossen Gemeinwesen-Soziokultur

GROSSSTADTPROBLEME UND IHRE BEWÄLTIGUNG

Obdachlosigkeit

Das Thema Wohnen, bezahlbarer, zugänglicher Wohnraum für alle, ist in allen Städten ein sozialpolitisches Thema. Die Demonstrationen der 68er wie der 80er Jahre waren auch immer durchmischt mit dem Ruf: „Wo Wo Wohnige". Die Auflösung der Drogenszene machte nochmals deutlicher, dass es Menschen gibt, die gar nicht mehr „wohnen", die sich in einer Wohnung gar nicht mehr aufhalten und wohl fühlen können. Zürich hatte sich immer mit dem Thema von Obdachlosigkeit zu befassen. Dabei ging es nicht etwa um die romantisch verklärten netten Gesellen aus dem Film „Hinter den sieben Geleisen", wo der Song: „mis Dach isch de Himmel vo Züri" einem ein Lächeln aufs Gesicht zauberte. Es ging vielmehr darum, viele Unterbringungsmöglichkeiten zu rekrutieren für Menschen am Rande der Gesellschaft, Obdachlose und für Asylsuchende. Das Konzept des Begleiteten

Wohnens (BeWo) hatte Erfolg. Die Stadt mietete Wohnungen und gab sie in Untermiete oder auch als einzelne Zimmer an Betroffene ab. Es gehörte zum Emanzipationsprozess, dass die Leute im BeWo mit der Zeit die Verantwortung für die Bezahlung der Miete und für eine neue „eigenständigere" Wohnform übernehmen konnten. Das waren wichtige Lern- und Integrationsprozesse.

Kirchliche Organisationen, insbesondere Pfarrer Ernst Sieber, waren wichtige Stützen im Kampf gegen die Obdachlosigkeit. Auch wenn Ernst Sieber und ich immer wieder Meinungsverschiedenheiten auszutragen hatten, waren wir uns doch verbunden und spielten mit offenen Karten. Ernst Sieber, mit seinem grossen Herzen, war bereit, schlichtweg jeden Menschen aufzunehmen, der bei ihm anklopfte. Wir von der Stadt mussten und wollten uns strikt auf die Menschen mit Wohnsitz in der Stadt, resp. Asylsuchende, die uns vom Bund zugeteilt waren, beschränken.

Der finanzielle Aufwand zur Bekämpfung der Obdachlosigkeit war auch für kirchliche Organisationen, z.B. die Heilsarmee und die Caritas beträchtlich. So schlossen wir Leistungsvereinbarungen ab, in denen wir mit fixen Platzzahlen bei den Sozialwerken rechnen konnten. Sie bekamen dafür eine offizielle Miete der Stadt, mussten aber auch klar Buch führen und uns die Wohnsitz-Identität aufzeigen können. Der letzte Punkt war eine Knirschstelle der besonderen Art mit Ernst Sieber. Er kam jeweils mit offenen Armen auf mich zu und meinte: Monika, mein Engel, umarmte mich... und dann folgte irgendein Phantasiebetrag, den er vom Sozialdepartement erhoffte. Wir fanden immer eine Lösung, aber nie in seinem Wunschbereich.

Sehr dankbar waren wir über die Zusammenarbeit mit dem sozialmedizinischen Fachspital „Sunneegge". Mit dieser Sozialeinrichtung konnte ein eigentlicher Leistungsvertrag abgeschlossen werden, der die Rechte und Pflichten gegenseitig und mit der Gesundheitsdirektion des Kantons klarstellte. Bis heute ist das eine wichtige und im Netz der Stadt nicht mehr wegzudenkende Einrichtung.

Jedes Jahr durfte Ernst Sieber seinen „Pfuusbus" für die Obdachlosen aufstellen. Manchmal schimpften meine Fachleute, das sei doch Unsinn, das zöge nur wieder jene an, die "ausbüxen" wollten aus den Einrichtungen, wo sie leben oder es gebe ja gar keine Menschen, die nirgendwo hingehen könnten... Ernst Sieber sah das anders und für die Advents- und Winterzeit liessen wir die Bereitstellung des Pfuusbusses zu. Einige Personen, davon wusste insbesondere unsere Streetworkgruppe SIP, weigerten sich total in irgendeine Einrichtung, in eine Notschlafstelle, ja sogar in den Pfuusbus zu gehen und nächtigten in ihren „Unterkünften" am Waldrand oder in leerstehenden Hütten. Die SIP brachte ihnen in besonders kalten Nächsten zusätzliche Schlafsäcke und/oder „kontrollierte", wie es ihnen geht, ob sie krank sind, einen Arzt brauchen oder vielleicht sogar in ein Spital eingewiesen werden müssen. Das Krankenzimmer für Obdachlose wurde zur ständigen gut besuchten Einrichtung und ist noch heute für viele junge Ärztinnen und Ärzte ein Lernfeld für eine „Welt von unten". Ein solcher individueller Service gehört heute auch zu einer Grossstadt, wenn wir verhindern wollen, dass Menschen irgendwo in den Hauseingängen schlafen, damit andere Menschen erschrecken und verunsichern.

Zu den grossstädtischen besonderen sozialen Fragen gehören auch all jene Menschen, die aus dem Netz gefallen sind, krank und labil leben, oft auch aus Gefängnissen oder Psychiatrischen Kliniken entlassen werden, ohne dass ihre Nachfolgelösung schon tragfähig ist. Selbstverständlich kommen auch immer wieder Menschen in die Grossstädte, die hoffen, nach einer Lebenskrise, nach Scheidung und Todesfällen, Verbrechen und Familiendramen, hier ein neues Leben zu starten und das frühere

„Stadtluft macht frei" für sich ganz persönlich testen wollen. Das ist nicht immer einfach für die Bewohnerinnen und Bewohner, solchen Menschen im öffentlichen Raum zu begegnen. Es ist ihnen peinlich, sie sind geniert und wissen nicht, ob sie Hilfestellungen geben oder besser diskret weitergehen sollten, das gibt "bad feelings" und in den Abend- und Nachtstunden auch Ängste. Zudem gibt es Jugendgruppen, die das Recht haben, sich im öffentlichen Raum aufzuhalten, sich zu treffen, auch mal ein Bier zu trinken und laut zu werden. Es ist nicht Aufgabe der Stadtpolizei überall gleich zu intervenieren.

SIP, Sicherheit, Intervention, Prävention
Nach längeren Evaluationen bildeten wir das Projekt: SIP, Sicherheit, Intervention, Prävention. Streetworker, Sozialarbeiterinnen, Fachleute aus der Psychiatrie, vor allem auch Menschen mit verschiedenen Sprachkenntnissen wurden in Teams zusammengestellt. Sie machten sich mit Windjacken oder Gilets, die mit SIP gekennzeichnet waren, auf Patrouille. Ich verlangte, dass sie mit einem Handy ausgestattet wurden, das eine besondere, direkte Verbindung zur Polizei bot. Dort sollte man wissen, wenn diese Nummer aufleuchtet, ist es dringend. Die SIP selbst aber sollte nicht bewaffnet werden, auch nicht mit Pfefferspray oder ähnlichem. Auch dieses Projekt weckte vorerst ungute Erinnerungen an den Lilabus. Dieser wurde vor Jahren im Seefeld aufgestellt, um den Strassenstrich aufzufangen. Es gab auf der andern politischen Seite natürlich auch Kritik, dass sich das Sozialdepartment für die Repression instrumentalisieren lasse. Sehr schnell aber wurde deutlich, dass SIP in der Grossstadt eine wichtige und auch eine sehr individuell betreuerische Funktion wahrnehmen kann. Bis heute ist ihre Dienstleistung, zum Teil auch in andern Städte und Gemeinden, gefragt oder wird nachgeahmt.

Eine Gruppe von Neuankommenden war mir gar nicht willkommen. Nämlich jene, die aufs Amt kamen und treuherzig erzählten, der Gemeindeschreiber von X oder die Sozialbehördenfrau von Y hätten ihnen gesagt: Geht doch nach Zürich. Dort hat es Krippenplätze, dort hat es Genossenschaftswohnungen, dort gibt es ein gutes Sozialamt. Ich griff dann jeweils ziemlich grantig zum Telefonhörer, rief die entsprechende Gemeinde an und pochte auf die wohnörtliche Unterstützung, die auch finanzielle Leistungen beinhaltet. Da war mein diplomatisches Geschick manchmal sehr rudimentär, vor allem, wenn dann noch politische Vorwürfe herüberkamen: ihr Roten, Ihr Grünen, ihr "verpäppelt" ja Alle. Es ist gut, dass diese Gespräche nicht öffentlich wurden. Doch allmählich zeigten sie immerhin Erfolg. Diese „sozialen Verschickungen" wurden gestoppt. Mit der Sozialvorsteherin der Stadt Zürich war diesbezüglich nicht zu spassen.

Talk

Die häufigste Sucht ist der Alkohol. Sie ist oft über Jahre versteckt und unauffällig. Man konsumiert zu Hause, man konsumiert im Kollegenkreis in der Beiz, man konsumiert vielleicht mal feucht fröhlich in einer Gartenwirtschaft – das alarmiert noch kaum jemanden. Wird aber Alkohol schon morgens früh unverzichtbar, wenn der Konsum überall und jederzeit notwendig ist, dann lassen sich die Spuren nicht mehr verheimlichen. Schnell kommt unkontrolliertes Verhalten dazu. Man achtet nicht mehr auf die Kleidung, man riecht unangenehm und da und dort wird gar ein Verbot zum Eintritt in die Gaststube ausgesprochen. Der Konsum wird dann in die Öffentlichkeit verlagert und die „Szenen" sind nicht sehr anders als bei andern Süchten. Es gibt Orte, die man meidet. Es ist einem unangenehm, am Abend am Bellevue auf das Tram zu warten ... Wir lancierten das Projekt Talk: Treffpunkt für Alkohol Konsumierende. Die Menschen wussten, wo sie hingehen können, sie mussten ihren „Stoff" selber mitbringen, es wurde ein warmes Mittagessen gekocht (von den Betroffenen selbst) und es bestand die Möglichkeit, Kleider zu waschen, zu duschen und auch ein Haarschnitt war von Zeit zu Zeit möglich. Die soziale Kontrolle, wie es dem einen oder dem andern geht, konnte aufrechterhalten werden. Man konnte jemanden zum Arzt begleiten und allenfalls im Krankenzimmer für Obdachlose ein paar Nächte "aufpäppeln". Diese Möglichkeit zu nutzen war freiwillig, SIP, unser Streetworkprojekt, machte Betroffene auf diese Möglichkeit aufmerksam.

Ab und zu wurde eine Meisterschaft im Jassen ausgetragen. Da war ich natürlich mit dabei. Dass ich mit einer sehr stark abgebauten Frau zusammen eine Runde gewonnen hatte, war für sie offensichtlich der Höhepunkt ihrer letzten Lebensjahre. Immer wieder, wenn wir uns in der Stadt begegnet sind, kam sie auf mich zu, umarmte mich und schrie: "Wir haben gewonnen!" Die Passantinnen und Passanten blickten ziemlich irritiert auf uns Duo.

Oft bekam ich – vor allem bei schönem Wetter – Telefonanrufe von erbosten Zürcherinnen oder Zürchern, am Stauffacher oder am Bellevue werde getrunken. Nun ja, wo ist der schmale Grat von einer aufsuchenden, intervenierenden Sozialarbeit in einer Grossstadt und wo sind freie Bürger auch frei, sich aufzuhalten? Immer wieder ist diese Frage auszuloten, zu debattieren und zu „lösen".

Sozialdirektorenkonferenz
Durch die Zusammenarbeit mit den Kolleginnen und Kollegen anderer Städte, insbesondere in der Drogen- und Asylpolitik, entstand die Städteinitiative Sozialpolitik, die bis heute eine sozialpolitische Stimme in unserem Land ist. Für die Städte gab es – was mich natürlich sehr störte – vorerst wenig Einfluss in „Bundesbern", wenn, dann waren es die Kantone mit ihren Sozialdirektorinn und Sozialdirektoren, die dort angehört wurden. Schliesslich verlangten wir, dass die Städteinitiative Sozialpolitik im Vorstand der SODK (Sozialdirektorenkonferenz) einen Sitz bekam. Ich konnte ihn während

einiger Jahre einnehmen und so die Sozialpolitik der Kantone, die ja sehr unterschiedliche Probleme zu bewältigen hatten, verfolgen, mitdiskutieren und den Standpunkt der Städte einbringen. Wenn ein Kanton Uri z.B. 300 bis 500 Armutsbetroffene hat, entspricht das der Anzahl, die Zürich in einem kleinen Quartier zählt. Entsprechend anders sind natürlich die Finanzlasten und die „Lösungen", die gesucht werden müssen.

Ein Kollege aus einem kleinen Kanton schilderte: "Ich erhalte am Freitag die Namen der arbeitslos gemeldeten Personen. Am Montag nehme ich den Telefonhörer in die Hand, telefoniere mit Firmen im Kanton und sage: du nimmst Den oder die Zwei. Bis Mittwoch haben wir keine Arbeitslosen mehr, Punkt".

Der Austausch war bereichernd. Unser Einfluss stieg. Wir verlangten einen Artikel 50 in der Bundesverfassung, der den Städten das Recht auf Teilnahme an Vernehmlassungen und auf entsprechendes Gehör in allen Belangen der Gesetzgebung einräumte. Denn viele Legiferierungen in Bern haben ganz konkrete Auswirkungen auf die grossen Städte, die in Zahl und Dichte, in der Kumulation der Themen besonders gefordert sind.

Die folgende Geschichte wurde zur Titelgeschichte in einem meiner Bücher. Damals wurden natürlich auch dauernd Sparpakete geschnürt, u.a. wurden gewisse Drogentherapien nicht mehr von der IV bezahlt. Ich wurde wütend auf „die in Bern" und wie es meine Art ist, wollte ich das lieber im direkten Gespräch klären als ein paar Dutzend Kilometer östlich zu grollen. Ich wollte den damaligen Finanzminister, Kaspar Villiger, treffen. Als Stadträtin – so wurde mir klar gesagt – sei ein direktes Gespräch mit dem Bundesrat nicht möglich. Ich müsste via den Kanton gehen. Ich erklärte beim zweiten Telefonanruf, ich sei Altnationalrätin und siehe da, ich bekam sehr rasch einen Termin. Kaspar Villiger hörte wie immer aufmerksam zu. Ich lud ihn zu einem Besuch in Zürich und zwar in Zürich „von unten" ein. Kaspar Villiger hielt Wort. Die Stadtpolizei und die Bundespolizei waren nicht sehr begeistert über die Route unserer „Besichtigung", führte sie doch an ziemlich spezielle Orte und in besondere Einrichtungen. Unter anderen waren wir so um 16 Uhr in der Kontakt- und Anlaufstelle mitten im Kreis 4. Der Betrieb war voll am Laufen, Kaspar Villiger und ich setzten uns auf das abgewetzte Sofa und beobachteten. Plötzlich kam R., einer der Kunden, die ich schon lange kannte, auf uns zu, zeigte mit dem Finger auf mich und meinte: „he, dich kenne ich". Ich gab mich zu erkennen und fragte, ob er auch den Herrn neben mir kenne. R. überlegte und zeigte auf Kaspar Villiger; „ja, dich habe ich schon im Fernsehen gesehen". Kaspar Villiger lachte; „aha, sie sind ein aufmerksamer Bürger, ich bin Bundesrat". „Läck" - meinte R., „das glaubt mir ja keiner, wenn ich das auf der Gasse erzähle", rannte aus der Anlaufstelle und ich kann mir vorstellen, was das nachher zu reden gab. Kaspar Villiger wies später in mehreren Budgetdebatten und auch einmal in der Fernsehsendung Arena auf die besonderen Probleme der Grossstädte hin.

Zusammenarbeit auf alle Seiten notwenig

Die Zusammenarbeit zwischen der Stadt Zürich und dem Kanton Zürich war und blieb oft besonders. Ich erlebte aber eine grosse Offenheit für die sozialen Fragen, so auch in der Drogenpolitik der 90er Jahre. Ernst Buschor, der damalige Gesundheitsdirektor, und ich trafen uns einmal an einem Samstagvormittag, um zu beraten, wie wir vorgehen, welche gemeinsamen Strategien wir entwickeln wollen und welche Hindernisse zu umgehen sind. Auch meine Kollegin in der Sozialdirektion, die von jener Partei kam, die eigentlich meine Politik von A bis Z bekämpfte, war für mich eine wichtige Gesprächspartnerin. Wir trafen uns vierteljährlich morgens um 7 Uhr zum Frühstück. Wir konnten da Sorgen und Nöte austauschen, von denen unsere Parteien nichts wissen wollten und auch nicht mussten. Da oder dort konnten wir uns entgegen den ersten Zuschreibungen auf ein gemeinsames Vorgehen einigen. Auch diese Form von Politik (Frauenpolitik?) gibt es und sie kam vielen Menschen zu Gute, ohne dass es irgendwo an die Glocke gehängt wurde.

Häufig bekamen wir Besuch von Kolleginnen und Kollegen aus dem Ausland. Ich war – ebenso wie meine Mitarbeiter/innen – zeitlich manchmal von all diesen Anfragen überfordert. Aber ich fühlte mich auch bestärkt, wenn ich auf Zustimmung stiess und uns die auswärtigen Sozialvorsteher/innen beneideten, dass bei uns „Ordnung" und einigermassen menschenwürdige Zustände herrschten. Eine Nebenbemerkung: Viele der Gäste glaubten ganz einfach nicht, dass ich als Regierungsmitglied mit dem Tram fahre und zu Fuss auch im Kreis 4 oder anderswo unterwegs war. In ihren Städten – so meinten sie – wäre das unmöglich. Einmal mehr war ich dankbar für „unsere schweizerischen Verhältnisse". Natürlich hatte ich die Stadtpolizei immer informiert, wenn Gäste aus dem Ausland kamen. Ein oder zwei Beamte begleiteten dann in Zivil und ganz diskret unsere Wege.

Eine besondere Delegation kam aus Kunming, unserer Partnerstadt in China. Zum ersten Mal wurde eine Sozialministerin angekündigt. Ich begleitete die Delegation auf der einschlägigen Besuchstour. Am Schluss waren wir in der Gruppe für ältere Drogenabhängige an der Gerechtigkeitsgasse. Wir wollten dort noch zusammensitzen, debattieren und ein kleiner Apéro war vorbereitet. Zuerst aber zeigte ich das Haus und erklärte, dass die besonderen älteren Pensionäre hier leben, weil sie in normalen Altersresidenzen auffallen würden. Sie dürften hier nämlich konsumieren. Du lieber Himmel – die Vorsteherin und ihre Delegation schnüffelten auch tatsächlich den Haschrauch. Die Besucher/innen rannten entsetzt aus dem Haus und zurück zu ihren Fahrzeugen. Ich konnte mich nicht mehr verabschieden, nichts klären und schon gar nicht debattieren. Der Haschrauch war offenbar „der Leibhaftige" und vor dem konnte man nur davonrennen. Was das zur Drogenproblematik in der Volksrepublik China beiträgt, sei dahin gestellt.

Drogen – immer wieder ein Lehrstück
Zur Drogenproblematik gehört leider auch, dass sich die Stoffe weiter entwickeln. Die chemischen Drogen sind gefährlich und leicht erhältlich. Das Kokain ist ebenfalls billiger geworden und die Medikamente, die in vielfältigen Cocktails zu mixen und zu konsumieren sind, sind an jeder Strassenecke erhältlich. Das Drogentesting, das jeweils an der Streetparade eingerichtet wird, ist zwar umstritten, eröffnet aber den Konsumierenden, welches Gift sie sich da zuführen. Wer weiss, Aufklärung kann ja immer noch eine Hoffnung sein. Dass der Alkohol gerade auch für Jugendliche die Einstiegsdroge ist, weiss man. Werbung für den Alkoholkonsum, die ein leichtes, fröhliches Leben verspricht, lockt an jeder Hauswand und darf auf Druck der Herstellerlobby nicht verboten werden. Und schliesslich scheint die „Freiheit des Abendlandes" (so die vernichtende Kritik der UNO Kontrollbehörde bei ihrem Besuch in der Stadt Zürich) nicht an der kontrollierten Heroinverschreibung zu Grunde zu gehen sondern durch den unendlichen Konsum von allem und jedem.

Immer wieder engagierte ich mich für die Angehörigen der Menschen mit Suchtproblemen. Jeweils im Dezember fand ein besonderer Gottesdienst statt, an dem nochmals gemeinsam Abschied genommen wurde von jenen, die im Laufe des zu Ende gehenden Jahres an ihrer Sucht gestorben waren. Laut und deutlich wurde deren Name ausgesprochen und die Verstorbenen wurden quasi von der „Suchtgemeinde" geehrt und verabschiedet. Selbstverständlich nahm ich auch an diesem Gottesdienst teil.

> Für die Angehörigen ist die Realität jeden Tag eine besondere, auch heute noch. Die Stigmatisierung ganzer Familien ist ein attraktives Thema in den Medien und oft tragen Betroffene selber dazu bei. Das ist schmerzhaft und zerstörerisch.

Das Drogenthema ist für mich fachlich und politisch ein „Paradestück", wenn ich dem so sagen darf, zwischen Anspruch und Wirklichkeit, und lässt vielleicht den Titel dieses Lesebuches besser verstehen: Mittendrin. Man erwartet von der Sozialarbeit, dass sie Probleme löst, die nicht zu „lösen" sind. Im Drogenthema steckt der wahnwitzige Überkonsum einer gesättigten Kultur. Wer will darüber reden? Sozialarbeit als Profession steckt also mittendrin und muss doch reflektieren und quasi „von aussen" schauen, analysieren und planen. Das zeigt auch, dass Professionalität nicht eine Checkliste meint, die man abhaken kann und damit ist das Thema ein für alle Mal vom Tisch. Die Entwicklungen im Suchtbereich sind und bleiben eine Herausforderung für die Gesellschaft, seien das heute die Handys, der Internetkonsum oder schlicht und einfach auch die Geldgier. So kann es heute tatsächlich sein, dass ein „Fall" auf die Sozialhilfe kommt, weil sich jemand mit seinem beträchtlichen Vermögen total verspekuliert hat. Oder jemand hat seine selbständige Erwerbstätigkeit so weit, eventuell auch global, ausgebreitet, dass er die Übersicht und deshalb alles verloren hat. Sicher würde niemand darin „Armutsbetroffene" erkennen, die man sich unter den Sozialhilfebeziehenden vorstellt.

SOZIALE GRUNDVERSORGUNG UND IHRE ORGANISATION

Nach dem harten Stück Arbeit bei der Auflösung der Drogenszene konnte ich mich der innenpolitischen organisatorischen Aufbau- und Ablauforganisation im Departement widmen. Die Sozialarbeit und die Sozialpolitik waren in den späten 90er Jahren ziemlich disparat. Zu allem und jedem gab es Organisationen, Abteilungen, Sekretariate, Projekte und natürlich brauchten diese Arbeitsstellen auch Geld für ihre Aufbau- und Ablauforganisation. Das galt natürlich erst recht für die Grossorganisation Sozialdepartement der grössten Schweizer Stadt.

Für das Fürsorge- und für das Jugendamt zählten wir einmal 36 verschiedene Sekretariate und Anlaufstellen. Oft waren sie aus gutem Grund dezentral eingerichtet worden. Der knappe und teure Raum in Zürich verlangte, dass sich die Arbeitsorte in Wohnungen, Garagen, in Höfen und Baracken einmieteten. Bei einem Besuch – eine Anekdote – wurden die Akten im Backofen der Küche gelagert, weil nirgendwo mehr Platz für Aktenschränke war. Ich war konsterniert. Mein Verständnis von Sozialarbeit und diese weit verzweigte Organisation, wie passt das zusammen?

Die staatlichen Sozialleistungen werden überprüft und verändert

Das Sozialdepartement musste die staatlichen Angebote überprüfen. Wir mussten uns klar werden: was braucht es wirklich und in welchem Umfang, was ist die Philosophie unserer Politik im Zeitalter des aktivierenden Sozialstaats und mit dem Bild des autonomen Menschen. Es war für Viele schwierig zu verstehen, warum es Das oder Jenes nicht mehr geben soll. Haben wir es denn nicht gut genug gemacht? Ist das denn nicht mehr willkommen? Es gab Kränkungen und Verletzungen.

Was brauchen Seniorinn und Senioren?

Mir kam schon zu Beginn meiner Exekutivtätigkeit meine Mitarbeit im Projekt „fit für morn" zu gute. Ich schaute mir die Dienstabteilungen des grossen Departementes an und versuchte ohne Scheuklappen zu vereinfachen. In meinem Verständnis brauchen alte Menschen kein verwaltendes „Seniorenamt". Sie brauchen Wohnungen, finanzielle Mittel, Partizipationsmöglichkeiten, wie alle andern Menschen auch.

Ich war bereit, die Alters-"Abteilungen" ans Gesundheitsdepartement zu übergeben. Dort könnten sie zusammen mit den Spitex-Organisationen und dem stationären Pflegebereich zu Prozess orientierten Strukturen gebündelt werden. So sollten sie für die alten Menschen transparent und effektiv zur Verfügung stehen. Bis heute ist daraus – obwohl schon in den 90er Jahren externe Fachleute eine entsprechende Studie mit Vorschlägen unterbreitet hatten – so meine ich, nichts geworden. Altersheime, Pflegeheime, Spitex-Organisationen sind je eigene Gefässe und keineswegs „Flüsse". Mir wurde damals prophezeit, dass ich mit der Reform und Reorganisation der Alterspolitik meine „Hausmacht", die alten Menschen, aufgegeben hätte und damit meine Wählerbasis. Ein solches Denken war mir fremd; es erwies sich dann auch als Irrtum.

Die Kinder- und Jugendheime

Die Kinder- und Jugendheime waren ebenfalls eine Dienstabteilung, die „zur Stadt Zürich gehörte", obwohl Gesetz, Planung und Finanzierung eine kantonale Verantwortung vorsahen. Ich verstand nicht, warum wir uns nicht in dieser professionell richtigen Einbindung organisierten. Es war eine Machtfrage. Mein Besuch beim zuständigen Regierungsrat war deutlich: So lange die Kinder- und Jugendheime städtisch seien, bezahle der Kanton keinen Franken und da ich eine Linke sei, wäre das nicht zu ändern. Da hat er mich verkannt. Ich startete den Prozess der Privatisierung der Kinder-

und Jugendheime.

Die bis anhin städtischen Kinder- und Jugendheime sollten in eine Stiftung überführt werden, was einen grossen Aufwand bedeutete. Schliesslich mussten die Gebäude geschätzt, bewertet, das eine oder andere Heim auch aufgegeben werden. Die Heime, die noch unter der alten pädagogischen Lehre betrieben wurden, dass man Kinder aus ihrem Milieu entfernt, waren vorbei. Kinder, auch wenn sie fremd platziert sind, sollen möglichst den nahen Kontakt zu Eltern und Geschwister behalten können, damit eine Rückkehr möglich und auch erfolgreich sein kann. Nach der erfolgreichen Privatisierung konnte sich die Stadt Zürich von der doch stattlichen Anzahl von Millionen Franken entlasten; denn der Kanton bezahlte jetzt an die Einrichtungen der Stiftung, wie an andere private Heime gemäss Jugendheimgesetz.

AOZ – Asylorganisation Zürich
Die dritte interne Abteilung, die eine besondere Aufmerksamkeit verlangte, war die Fürsorge für Asylsuchende. Der Balkankrieg, aber auch die dauernde aus verschiedensten Ländern erfolgende Migration, zeigte deutlich, dass eine „Dienstabteilung in einem Departement der Stadtverwaltung" kaum allen Anforderungen gewachsen sein wird und dass sich damit die Verwaltung organisatorisch und finanziell enorm „aufblähen" würde.

Die professionelle und erfolgreiche Arbeit der Abteilung Asyl sollte sobald wie möglich in eine Stiftung überführt werden. Da es sich um hoheitliche und für eine Grossstadt sozial enorm wichtige Arbeit handelte, in eine öffentlich rechtliche Stiftung. Das war aber erst nach der neuen Verfassung des Kantons möglich und eine Volksabstimmung musste diese Neupositionierung gutheissen. Das gelang zum Glück.

Die Stadtzürcher Stimmbevölkerung befürwortete 2005 mit über 70 Prozent Ja-Stimmen eine Verselbständigung der AOZ: Die bisherige Verwaltungseinheit des Sozialdepartements wurde per 2006 in eine selbständige öffentlich-rechtliche Anstalt der Stadt Zürich mit dem Namen AOZ überführt.

Der neue Artikel der Gemeindeordnung der Stadt Zürich sah vor, dass die AOZ neben den gesetzlichen Aufgaben im Asyl- und Flüchtlingsbereich auch

- Aufgaben im Rahmen von Leistungsvereinbarungen mit Dritten erfüllt.

- Dienstleistungen im Bereich der Integration erbringen können.

Damit wird die Professionalität auch für andere Gemeinden und Kantone nutzbar. Die Alltagspolitik ist von der ständigen Debatte entlastet und kann sich der anspruchsvollen Aufgabe annehmen. Ich halte unbescheiden fest, dass dank der AOZ grössere Verwerfungen zum Thema Asyl in der Grossstadt Zürich ausgeblieben sind.

Die Grundversorgung sicher herstellen
Neben diesen organisatorischen und inhaltlichen Klärungen war natürlich das Kerngeschäft im Fokus: Soziale Sicherheit. Die Stadt Zürich registrierte zu dieser Zeit über 9'000 Personen in der Sozialhilfe, was bei damals noch 380'000 Einwohner/innen im durchschnittlichen Bereich der Schweizer Städte lag. Wie aber kann man die Sozialhilfe wirksamer und effektiver gestalten, vor allem auch, da man mit der Zunahme von Fallzahlen rechnen muss:

- die Stadt Zürich wächst und zwar rasant
- die Migrationsfragen bleiben ungelöst
- die Veränderungen auf dem Arbeitsmarkt werden nicht mehr automatisch zu einer Vollbeschäftigung für Alle zurückkehren.

Der Gefahr, dass wir da in die „Selbstverständlichkeit" der stetig wachsenden Fallzahlen mit Verbleib in der Sozialhilfe rutschen könnten, sollte Gegensteuer gegeben werden. Die Entwicklungen in deutschen und in französischen Städten wollten wir verhindern.

Das Changeprojekt
1994 hatte ich eine sehr feingliedrige Aufbauorganisation vorgefunden. Jede neue Aufgabe wurde irgendwo beigeordnet. Nicht nur, dass die Verteilung der Aufgaben auf über dreissig verschiedene Anlaufstellen für die Klientinnen und Klienten nicht transparent war, auch für die Zusammenarbeit und für die Führung war das sehr speziell. Diese Feingliedrigkeit hatte natürlich eine Logik. Sie folgte der funktionalen Problembeschreibung: alleinerziehende Mütter, Lernende, Ausländerinnen usw. Ein fiktiver Fall sei hier zum besseren Verständnis geschildert:

Nehmen wir eine Familie: Ein Elternteil ist Ausländer, die Mittel sind sehr knapp, das eine der drei Kinder hat Probleme in der Schule und der älteste Sohn ist kriminell auffällig geworden... Das heisst also, potenziell sind das Fürsorgesekretariat für die Bemessung der Sozialhilfe, das Jugendamt für die Hilfen an die Kinder zuständig, je nachdem ist schon die Jugendstaatsanwalt involviert und/oder es sind vormundschaftliche Massnahmen (damals wäre es wohl ein Erziehungsbeistand) notwendig. Falls noch niederlassungsrechtliche Fragen eine Rolle spielen, sind auch kantonale Ämter involviert und allenfalls sprachliche Förderungen notwendig. Zu guter Letzt könnte noch die Wohnungssuche – weil bei Sozialhilfe die Mieten begrenzt sind – ein weiteres Problem darstellen.

Gut und gern könnten also zur Bewältigung dieser Problemlage sieben bis acht Stellen involviert werden. Alle sind für Teilaspekte zuständig, aber niemand für das Ganze. Das ist nicht nur für die Betroffenen unglücklich, sondern auch für die Fachleute. Je nachdem wird eine Klientin zum Einen und dann zum Andern geschickt. Andererseits kann es auch sein, dass man nicht weiss, wer über was Bescheid weiss, wie die Informationen laufen, wer an welcher Aufgabe arbeitet und wo auf was gewartet werden muss. Sind die Informationen unvollständig, sind auch die Entscheidungen entsprechend. Die Analyse der damaligen Struktur zeigte deutlich, von Prozessmanagement sind wir weit entfernt.

In einer professionellen, anspruchsvollen Projektstruktur mit den besten Fachleuten, unter der Leitung des langjährigen und bestens mit dem Departement vertrauten Departementssekretär, wurden Analyse, Ziele und mögliche Wege zu einem Change erarbeitet, der das Prozessmanagement mit den fachlichen Anforderungen der professionellen Sozialarbeit zusammenbringen kann. Der Slogan „ein Dossier – eine Zuständigkeit" war geboren und wollte umgesetzt werden. Der Klient, die Klientin sollte zukünftig nur e i n e Ansprechperson haben und nicht von Stelle zu Stelle geschickt werden. Das war ein riesiger Anspruch für alle, eine kleine Revolution im Verwaltungshandeln. Auch wenn wir in der Sozialarbeit eigentlich immer die Grundsätze des Prozessmanagements kannten, ohne es allerdings so zu nennen, brauchte es ein Umdenken oder, wenn man so will, ein sich Zurückerinnern an die Anfänge unseres Berufs.

Vom September 1998 bis zum Juli 1999 wurde eine umfassende Analyse der bestehenden Prozesse durchgeführt und im August 1999 begann das Projektteam seine Arbeit. Sie sollte bis zum 1. Juli 2001 dauern. Dann war mindestens die Schaffung der neuen Organisationsstruktur abgeschlossen.

Der Blick über den Gartenzaun
Ich hatte drei Mal Gelegenheit, die sozialen Strukturen in nordischen Staaten, Niederlande und Dänemark kennen zu

lernen und mit Berufskolleginnen und Berufskollegen fachlichen Austausch zu pflegen. Die Selbstverständlichkeit, mit der der Staat – in der Regel die Gemeinde oder das Quartier – sich als verantwortlich für die gute Lebensqualität aller Menschen fühlte, beeindruckte mich. Ebenso war es offensichtlich üblich, dass private und kirchliche Träger mit dem Staat Hand in Hand aktiv sind. Und die Soziokultur, Gemeinwesenarbeit, Bürger/inneninitiative waren quasi Alltag.

In München[7] konnte ich die Bürgerhäuser kennenlernen, eine Art Megasozialzentrum, in dem für Anliegen aller Art schnell und unkompliziert Auskünfte und Wegweiser bereitstanden.

In der Person von Professor Wolfgang Hinte, von der Hochschule Essen, erhielt ich einen Mentor und fachkundigen Profi, dem die Ressourcenorientierung eine selbstverständliche Aufgabe der professionellen Sozialarbeit bedeutete.

Es ist gut, immer wieder über die Landesgrenzen hinauszuschauen, natürlich durchaus auch in die armen Länder: Dort wird soziale Hilfe vor Ort gemacht ohne perfekte Infrastruktur, ohne Arbeitspläne und Freizeitregelung, tun, was zu tun ist und was möglich ist. Das war schon immer die Devise der professionellen Sozialarbeit und wird es wohl auch bleiben.

Mir war sehr bewusst, dass ich mich mit dem Change zu den fünf Sozialzentren auf ein hohes Seil wagte. Die Fachpersonen im Amt waren ja schon ausserordentlich mit Arbeit belastet und der Zeitgeist würde nicht ewig tolerant gegenüber der Sozialpolitik der Grossstadt Zürich bleiben. Ich wusste, ich würde über Monate die wohl am meisten gehasste Chefin einer Verwaltungsabteilung sein. Würde ich das aushalten? Warum eigentlich wollte ich diesen Change so sehr? Professioneller Sachverstand oder persönlicher Ehrgeiz? Ich ging mit mir ziemlich schonungslos ins Gericht. Doch: ich hatte die wohl einmalige Chance als professionelle

Sozialarbeiterin einen professionellen Wandel mit Macht – die ich in diesem Amt tatsächlich hatte – zu gestalten. Ich fühlte mich verpflichtet, diese Chance zu nutzen. Ich würde es mir nicht verzeihen, wenn ich einfach den bequemen Weg des Laissez Faire wählen würde.

Konnte es also gelingen, ein so grosses Veränderungsprojekt innert nützlicher Zeit in Bahnen zu lenken, die tragfähig sind und das bei laufendem Betrieb? Ich hatte schlaflose Nächte; mir war natürlich klar, dass ich auch nur bedingt auf meine Berufskolleginnen und -kollegen zählen kann. Sie schauten skeptisch und teils schadenfroh zu, wie ich mich da auf dem Trapez bewegte und die Gerüchteküche über die „wahnsinnige" Vorsteherin brodelte. Selbstverständlich gab es auch Innovationsfreudige und Neugierige auf allen Seiten, auch im Kanton, auch auf schweizerischer Ebene. Man war fasziniert, was Zürich da macht und wollte mal sehen, wohin das führt. Gleichzeitig waren natürlich die Gewerkschaften und der Berufsverband sehr skeptisch. Obwohl ich immer wieder das Gespräch anbot, war ich doch „auf der andern Seite", Arbeitgeberin und daher „Feind". Ich wagte es, nicht zuletzt dank der einstimmigen und tatkräftigen Motivation des Stadtratskollegiums. Man vertraute mir, meiner Professionalität und wohl auch meiner Hartnäckigkeit.

Es gibt Ressourcen, nicht nur Defizite
Die Analyse in der ersten Phase des Projektes zeigte, was die Fachleute in den letzten Jahren immer monierten: Es gibt viele Menschen mit Defiziten in einer Grossstadt. Da war Zürich natürlich überhaupt nicht ausgenommen. Es war zwar über Jahre das Drogenproblem, das in Zürich alle andern Defizite überlagerte, doch Einsamkeit, physische und psychische Erkrankungen, Suchtmittelabhängigkeit in allen Formen, das waren ebenso bedrückende menschliche Realitäten. Was kann da die Sozialarbeit? Sie kann vieles.

Wieder deutlicher sollen die Ressourcen in den Fokus gestellt werden und nicht immer nur die Defizite. Die Menschen, die hier mit Sorgen und Beeinträchtigungen leben, haben auch Qualitäten, sie überleben, kommen zurecht, schauen z.B. gut zu ihren Kindern, sind nicht einfach nur „arm". Hatten wir vor Jahrzehnten in der Ausbildung die Wahrnehmung von Stärken und Schwächen analysiert, so reden wir heute von Ressourcenorientierung. Es bleibt aber dabei: Es geht darum, mit den Stärken zu arbeiten. Denn das Ziel jeder Hilfe ist es, die eigenen Kräfte soweit zu stabilisieren und gar auszubauen, dass ein selbstbestimmtes, selbstverantwortliches Leben möglich bleibt. Wir formulierten das auch als Erfolgsfaktor für unsere Reform, dass die Klientinnen und Klienten früher von der Sozialhilfe abgelöst werden können und hielten klar fest, dass auch eine teilweise Ablösung schon ein Erfolg sein kann. Diese differenzierte Zielformulierung fehlt mir heute manchmal. Menschen können vieles, aber vielleicht nicht alles, sie können mehr tun, wenn man ihnen mehr zutraut, sie aber auch unterstützt und nicht nur unter Druck setzt. Was wir aus der Pädagogik der Kinder und aus der Agogik im Erwachsenenlernen kennen, wird oft in der alltäglichen Arbeit in der Sozialhilfe vergessen.

So bin ich sehr unglücklich über die heutigen sozialpolitischen Debatten, die Menschen mit Problemen ganz einfach nur beschämen und fertigmachen. Ein Mensch verändert sein Leben nicht, wenn man ihm seine Defizite um die Ohren schlägt und ihn klein hält, z.B. ohne genügend finanzielle Ressourcen, dass ein Leben in Würde, integriert in die Normalität, unmöglich bleiben. Das ist ja seit mehr als zweihundert Jahren der Trugschluss: Karl Marx hat sich schon getäuscht, wenn er meinte, je elender es dem Proletariat geht, umso sicherer werde es aufstehen und die Revolution (sic!) in seine Hand nehmen.

Auch wir jungen Frauen in der neuen Frauenbewegung mussten erkennen: von einer alleinerziehenden Mutter mit drei Kindern, die den ganzen Tag in einem Warenhaus steht und am Abend den Haushalt und die Kinder betreut, können wir nicht erwarten, dass sie um 20 Uhr auf einem Podium sitzt und für eine zivilstandsunabhängige AHV kämpft.

Sozialbehörde
Hier lohnt es sich ein besonderes Augenmerk auf die Sozialbehörde zu richten. In allen Gemeinden war, entsprechend dem kantonalen Sozialhilfegesetz, eine Behörde zu bestellen. In der Stadt wurde sie gemäss Fraktionsstärke aus dem Gemeinderat rekrutiert. Fünfzehn Personen waren also in die Festlegung der Leistungen der Sozialhilfe einbezogen. Dieses Aushandeln war zwar zäh, führte aber immer wieder auch zu einem mehrheitsfähigen Konsens. Es kam nicht selten vor, dass selbst bürgerliche Mitglieder für gewisse Leistungen eine höhere Schwelle postulierten. Zudem – das war für die sozialpolitische Berichterstattung besonders wichtig – konnten die Behördenmitglieder in ihren Fraktionen authentisch informieren über die Probleme und die Lösungswege. Das hielt ich immer für die beste Informationspolitik. Falls nämlich Menschen nah an die Einzelfälle kommen, die Zusammenhänge erkennen und die nicht einfachen Lösungen kennenlernen, so konnte nicht mehr im saloppen Stammtisch-Jargon über diese geredet werden. Die Fälle bekamen ein Gesicht, die Akten waren Menschen.

Um sich zu entlasten von der manchmal auf über 9'000 Fälle ansteigenden Falldossiers, beschloss die Sozialbehörde die sogenannten Normfälle gemäss unseren Richtlinien abzuwickeln. Die Behördenmitglieder konzentrierten sich auf Stichproben. Sie hatten jederzeit die Möglichkeit, in den Falldossiers zu lesen und entsprechende Auskünfte von den zuständigen Fachleuten zu verlangen. Das schaffte Vertrauen und schien eine effiziente Form der Mitwirkung. Für die speziellen Fälle wurde „eine Kammer" gebildet, ähnlich wie jene im Vormundschaftswesen. Diese Einzelfallkommission tagte immer zu dritt und fällte Entscheide über die Anträge der Fachleute. Selbstverständlich waren die Behördenmitglieder der Schweigepflicht unterstellt. Für die Spezialfälle wurde jeweils ein Behördenmitglied als Referent, Referentin bestimmt. Als Vorsteherin war ich nie in diese Entscheide involviert, was bei der späteren Skandalisierung von Einzelfällen niemand glaubte. Ich war eine Verfechterin für einen starken Einbezug der Laien in die Facharbeit und hoffte tatsächlich, dass die Behördenmitglieder die Verantwortung für die Entscheide in den besonderen Einzelfällen auch gegen aussen vertreten würden. Dem war natürlich nicht so. Sie schwiegen zu allen sogenannten "Skandalfällen".

Sozialarbeit ist eine Profession, die immer intensiv am Puls von Meinungen und Entwicklungen liegt und diese sollen breit mitdebattiert werden. Es gehörte in meinem Verständnis zur professionellen Öffentlichkeitsarbeit: Überzeugen durch Argumente und durch Erfolge in der konkreten Arbeit. Das machte den Fortschritt und den Zusammenhalt aus. Meine „zu demokratische Naivität" – wie mir einmal ein Kommunikationsprofi um die Ohren schlug – ist natürlich heute obsolet. Aber ich bedaure sie auch im Rückblick weder als Fachfrau noch als Politikerin.

Mit der neuen Kantonsverfassung wurde die Rekrutierung der Mitglieder der Sozialbehörde aus den Fraktionen des Parlaments unmöglich. Man wollte eine stärkere Gewaltenteilung. Nun mussten die Parteien Leute ernennen für die Arbeit als Mitglied der Sozialbehörde. Damit wurde der direkte Kommunikationskanal zwischen Legislative und Behörde unterbunden. Man kann das gutheissen, für mich war es ein Verlust. Die Sozialbehörde wurde zunehmend von den Parteien strategisch zusammengesetzt. Im Vordergrund stand die vom Parteiprogramm geprägte Politik, nicht die kluge fachliche Arbeit und das persönliche Engagement.

Vormundschaftswesen

In der Stadt Zürich gab es schon lange vor der Revision des Vormundschaftsrechts für das Vormundschaftswesen einen siebenköpfigen Waisenrat, der vollamtlich arbeitete. Er war politisch zusammengesetzt und wurde vom Parlament gewählt. Ich war als Exekutivmitglied die Präsidentin. Die praktische Arbeit wurde während Jahren von den Waisenräten angestellten Fachleute, in der Regel Sozialarbeiter/innen, erledigt. Das war für viele in dieser Berufsgruppe eine Aufstiegschance. Damals galt das Vormundschaftswesen als wichtigere Einrichtung als die Sozialhilfe. Mit dem Change im Departement war es natürlich naheliegend, dass die Arbeit der Vormundschaftsfachleute ebenfalls in den Sozialzentren stattfinden soll. Denn – wenn man sich an das obige Fallbeispiel noch erinnert – so war ersichtlich, dass aus einem Sozialhilfefall sehr schnell ein Vormundschafsfall werden kann. Die Nahtstelle ist eng und manchmal innert 24 Stunden zu vollziehen. Zudem war den Behörden aller Ebenen klar, dass die Revision des Vormundschaftsrechts von 1911 anstand. Der Vizepräsident der Zürcher Vormundschaftsbehörde war in der Expertenkommission engagiert. Er konnte dort die Erfahrungen von Zürich einbringen

Der Aufbau der Kinder- und Erwachsenenschutzarbeit war in Zürich quasi schon Praxis, als das neue Gesetz schweizweit in Kraft gesetzt wurde. Da sagt sich jetzt leicht. Es war aber ein sehr steiniger Weg, gerade auch statusmässig. Dass die Damen und Herren Vormundinnen und Vormunde nun wieder mit den „gewöhnlichen" Sozialarbeiter/innen ein Team bilden sollten, das war für viele ein No go. Ich wurde im Zusammenhang mit dieser Reform direkt bedroht. Es wurde doch gerade mit dem traditionellen Bild des Amtsvormundes und der Amtsvormundin ein Rollenbild über Jahre aufrechterhalten, das Macht und Autorität darstellte und auch für Sozialarbeiter/innen ein Prestige-Job bedeutete. Zum Glück waren auch hier die Mitglieder im Stadtrat und der Vormundschaftsbehörde geschlossen auf der Seite der Neuorganisation. Es wurde zwar geschimpft und gewettert, aber immer häufiger gab es auch Feedbacks: das mache doch Sinn. Auch die Kündigungen von Mitarbeitenden hörten plötzlich auf, wurde es doch deutlich, dass auch in den andern Städten und Regionen eine neue Zeit des Kinder- und Erwchsenenschutzes angebrochen war.

So kam es, dass mit der neuen Kinder- und Erwachsenenschutzarbeit in der Stadt Zürich keine grossen Schwierigkeiten auftauchten. Man war sich schon an die professionelle Arbeit gewohnt.

Kernprozess-Supportprozess
In den 80er Jahren war die Idee vom papierlosen Büro eine Utopie. Wir lächelten, wenn uns das auf Tagungen verkündet wurde. Aber gehofft haben wir es natürlich doch; denn die Verwaltung, wie ja alle andern mit öffentlichen Geldern finanzierten Tätigkeiten, mussten kontrolliert werden. Es wurden also Rechenschaftsberichte verlangt, Finanzkontrolle und Geschäftsprüfung. Die Mitglieder des Parlaments lieferten oft einen Wettbewerb, wer mehr und längere Interpellationen formulieren konnte. Diese forderten für die Beantwortung viel Zeit und Energie. Genauso präzis hätten die Parlamentarier/innen auch in der Kommission die Auskünfte mündlich erhalten können. Man organisierte Besichtigungen und dabei lagen Akten, ausser den Fallakten, offen auf. Auch die zuständigen Mitarbeiter/innen konnten in die Sitzung eingeladen werden, wo sie Red und Antwort geben konnten. Dennoch, Verwaltungsarbeit besteht auch aus Papier, aus Akten, aus Finanzpapieren, aus Kontrollberichten, aus juristischen Verordnungen und Gesetzen, aus Zeugnissen und Gutachten. Viele Sozialarbeiter/innen an der Basis erzählten schon bei der Bestandesaufnahme im Changeprojekt, dass sie oft nicht mehr dazu kommen, alle Papiere zu lesen, da doch der Computer und der Intranet Aufbau in der Verwaltung die Flut ver-

grössert und nicht etwa verkleinerte, wie erhofft. Wir studierten die Möglichkeiten aus der Theorie des Prozessmanagements und entschieden uns, den Kernprozess der Sozialen Hilfe durch einen Supportprozess zu begleiten und zu unterstützen, aber gleichzeitig auch zu entlasten. So wurde ein Teilprojekt lanciert, in dem die verschiedenen wichtigen Support-Leistungen zusammengefasst und sinnvoll gebündelt wurden. Auch das war kein einfaches Unterfangen. Rechtsdienst, Personalfragen, Finanz- und Rechnungswesen – man war froh um die Entlastung und trotzdem blieb das Gefühl, da werde einem etwas aus den Händen genommen. Man musste Macht abgeben und sich die Informationen holen. Das war eine ziemlich radikale Machtveränderung. Die Struktur war zwar einleuchtend, aber die neue Kultur war ein riesiger Berg. Ich kann nicht beurteilen, wie weit heute diese Aufteilung selbstverständlich ist.

Ich schildere diese Prozesse ausführlich, weil ich überzeugt bin, sie haben mit Professionalität zu tun. Es ist wichtig, dass wir die Kernprozesse unseres Berufs ins Zentrum stellen und nicht verschiedenste, vielleicht machtvollere Attribute. Das ist nicht einfach, denn die Beziehung zwischen Fachperson und Klient/in ist immer eine asymmetrische. Deshalb ist man ja auch immer versucht, wenn es schwierig ist, auf die Macht zu pochen, so unter dem Motto: wer zahlt, befiehlt, alles andere ist gleichgültig. Ich höre heute viele solche Töne, öffentlich und leider auch in Fachkreisen.

Wir müssen uns einfach bewusst sein, wenn wir ins obrigkeitsstaatliche Handeln zurückfallen, dann braucht es eigentlich keine Fachleute mehr. Jeder administrativ geschulte Mensch kann Formulare mehr oder weniger fehlerfrei ausfüllen und am Schluss die generellen Ansprüche zusammenzählen. Nur damit ist kein Hilfsprozess in Gang gekommen, sondern ein Verwaltungsakt. Der Klient/die Klientin wird klein gehalten und bleibt abhängig. So verwalten wir die sozialen Probleme, Lösungen generieren wir nicht. Es gibt dadurch auch keine Fortschritte. Ich hatte mir in jener Zeit auf Tagungen, in Seminaren und Workshops die Zunge fusselig geredet, um Verständnis zu gewinnen für unser grosses Vorhaben. Es ist mir nicht überall gelungen. Gerade auch Kolleginnen und Kollegen meinten: Das ist mir zu viel, zu anstrengend.

Die Idee von Sozialzentren

Die Idee von Sozialzentren, die als niederschwelligen Zugang für alle Anliegen gelten könnten und wo dann Fachleute schnell zu verbindlicher Zuständigkeit kommen, war mit dem Changeprozess geboren. Das Sozialzentrum soll in umfassendem Sinn die Prozesse so legen, dass schnell, effizient und auch effektiv die Problemlösung angegangen werden kann.

Das mag kompliziert tönen, war es aber nur in dieser grossen, über Jahre gewachsenen Organisation wie dem Sozialdepartement der Stadt Zürich. Die polyvalenten Sozialdienste gab es schon damals in vielen Gemeinden und Regionen. Für die Stadt Zürich galt es zu überlegen, wie viele solche Zentren es braucht. Wir einigten uns, dass ca. pro 80'000 Einwohner/innen ein Zentrum geplant werden soll. Das bedeutete, eine komplexe Aufbau- und Ablauforganisation zu einer prozessorientierten Organisation umzubauen, und das bei laufendem Betrieb. Es war eine Herkulesaufgabe. Viele fühlten sich verunsichert. War das denn nicht gut genug, was wir über Jahre getan haben? Warum wird nun „unser Amt", „unsere Abteilung" aufgelöst und in andere Strukturen eingebettet? Mir war klar, dass Verunsicherung und Widerstand dazugehören, erst recht bei einem so grossen Projekt und in einer öffentlichen Verwaltung, wo Gewerkschaften, Berufsverbände und politische Gegner mit Argusaugen jede Veränderung beobachten und kritisieren.

Wir zogen also dicke Regenmäntel an und versuchten mit extra guten Informationsformen immer und immer wieder zu klären, zu beruhigen, aufzuzeigen, Argumente zu liefern. Manchmal wusste ich nicht, ob es zum Lachen oder zum Weinen ist, wenn jemand sagt, davon habe ich nie etwas gehört und man hat mir nie etwas erklärt, obwohl genau mit ihm mindestens drei Workshops zu diesem Thema durchgeführt wurden. Natürlich verstand ich die Psychologie des Widerstandes und übte mich in Geduld. Es zeigte sich wie immer, wenn viele verschiedene Betroffenheiten zusammenkommen, wie unterschiedlich die Menschen reagieren: Für die einen Mitarbeiter/innen war alles viel zu langsam, sie meinten, sie wollten jetzt endlich vorwärts machen und andere beklagten, es gehe alles zu schnell, man käme ja gar nicht mit.

Zudem – auch das lag auf der Hand – geht es bei einer Reform immer auch um Macht und zwar geht zuerst einmal die bisherige Positionsmacht in die Brüche. Die Leader, die bis jetzt grosse Macht hatten, sind selten bereit über eine längere Zeit die Verunsicherung durchzuhalten, bis sich die neuen Strukturen und Positionen abzeichnen. So war es auch bei uns. Da und dort mussten Übergangslösungen gefunden werden, weil der Direktor oder ein Abteilungsleiter kündigten. Ich hatte zum Glück die hundertprozentige Unterstützung des gesamten Stadtrates und meine „Missionstour" bei den Fraktionen des Parlaments weckte fast bei allen mindestens Interesse und Neugier. Mir war aber klar, dass dieses Stillhalten sehr brüchig ist und jederzeit in Gegenkräfte umschlagen kann.

Es war mir auch wichtig, die kantonalen Behörden einzubeziehen, was wir in regelmässigen Aussprachen machten. Ich stiess auf viel kritisches Wohlwollen. Sehr skeptisch blieben die Gewerkschaften, der VPOD und der Berufsverband.

Auch die Hochschule für Soziale Arbeit in Zürich, die ich immer informierte und deren Professorinnen und Professoren ich in regelmässigen Zirkeln zur Debatte einlud, hielt sich vornehm zurück. Meine Hoffnung, vielleicht liesse sich in den Sozialzentren eine Art Zusammenarbeit mit Auszubildenden, analog der Polikliniken in den Universitätskliniken, anbieten, löste sich in Nichts auf.

Die Professionellen blieben abwartend und skeptisch am Rand. Ich bedauerte das sehr. Es hätte mich, meine Mitarbeiter/innen und, so glaube ich fest, unseren Berufsstand gestärkt, wenn die Neupositionierung der Sozialhilfe im Sozialamt der grössten Schweizer Stadt, was ja den Beruf in seiner hoheitlichen, öffentlichen Rolle zeigte, klar von allen Akteuren mitgetragen worden wäre. Doch das war natürlich zu ehrgeizig von mir.

Fünf Sozialzentren für die Stadt Zürich

Zu all diesen internen Projektherausforderungen kam noch eine riesig andere Herausforderung. Ich musste innert kurzer Zeit fünf Häuser, Immobilien, in den Planregionen finden, die ein Sozialzentrum beherbergen könnten und zwar gut erreichbar mit dem öffentlichen Verkehr. Das – so erklärten mir viele – sei in der Stadt Zürich schlicht unmöglich. Ich gab nicht auf und fand in meiner Kollegin vom Hochbaudepartement, Kathrin Martelli, eine Verbündete. Gemeinsam suchten und prüften wir, schlugen aus und überlegten – es war manchmal zum Verzweifeln. 2007, also in gut sechs Jahren, hatten wir es geschafft. Das ist beachtlich, mussten doch die anvisierten Gebäude auch für die Ansprüche der Zentren umgebaut werden und zwar mit engem Kostenrahmen. Niemand wollte, dass die Mieten, die wir durch Auflösen der bisherigen kleineren Einrichtungen einsparen konnten, schliesslich durch die Mieten oder Baukosten der neuen Zentren überstiegen werden. Es war ein Erfolg, dass wir innert kurzer Zeit den Umbau einer grossen, feingliedrigen Aufbauorganisation in fünf polyvalente Sozialzentren auch räumlich umstrukturieren konnten. Es zeigt das Committment mit den Leuten des Hochbaudepartements und ist Zeichen für die Flexibilität der Bauleute in der öffentlichen Verwaltung und vor allem ihrer Chefin. Ohne sie wäre es eine Utopie geblieben oder ein jahrzehntelanges, mühsames Unterfangen geworden. Ich gebe gern zu, dass ich die Bauleute und auch den Kollegen, zu dem die Liegenschaftenverwaltung gehörte, oft genervt habe. Meine Vision von offenen Häusern, möglichst mit Cafeteria, einer Kinderkrippe und einem leichten, niederschwelligen Zugang, wurde natürlich von der Realität eingeholt. Schade, denke ich noch heute oft. Ein Sozialzentrum sollte ein Ort sein, wo man hingeht, wenn man irgendeine Frage hat, kein Hochsicherheitstrakt und kein Buh-Ort.

Die Vision war, an einer Rezeption empfangen zu werden, bei der ich mich melden und mein Anliegen vortrage kann, ohne gleich als „Fall" identifiziert zu werden. Falls ich nur eine Frage habe, dann bitte nur eine Antwort. Sollte ich aber durchblicken lassen, dass da mehr ist, müsste ein Intake in einer diskreten Koje – wie bei jeder Bank auch – möglich sein. Deshalb, so meine professionelle Vision, soll ein/e intake Sozialarbeiter/in bestens ausgebildet sein in schneller Diagnose-Technik. Sie oder er soll erkennen, wo der Schuh drückt und zwar nicht nur vordergründig. Dann kann man entscheiden, wo „der Fall" hingehen soll, wer vom Team am besten geeignet ist, den Fall zu managen. Das heisst ja nicht, dass er oder sie nur allein den Fall führt, nein, er oder sie kann sich das Fachwissen, die Hilfestellungen der andern Kolleginnen und Kollegen holen. Der Fall plumpst also nicht einfach in ein Gefäss und bleibt dort liegen, vielmehr soll er „im Fluss" bleiben, wo das eine um das andere Problem abgearbeitet werden soll, ohne dass das Ganze aus dem Blick gerät.

Angeregt durch meine frühere Arbeit auf der Informationsstelle des Zürcher Sozialwesens, errichteten wir mitten in der City das Informationszentrum für das Sozialwesen. Eine Fülle schriftlicher Informationen über das ganze Spektrum von

Fachhilfe- und Selbsthilfeorganisationen, von Einrichtungen und Betrieben im Sozialwesen, war so geordnet, dass auch ein interessierter Laie die Informationen finden konnte, nach denen er mit Hilfe von Stichworten suchte. Zudem hatten wir sehr qualifizierte Mitarbeiterinnen im Informationszentrum, die ihre Hilfestellungen und auch ihr Erfahrungswissen anbieten konnten. Das Informationszentrum war auch ein Ort, an dem über gesetzliche Veränderungen in der AHV beispielsweise, oder über andere, für die breite Öffentlichkeit wichtige Themen, Veranstaltungen durchgeführt wurden. Zu schnell – das merkte ich zu spät – wurde das Informationszentrum aufgelöst in der Hoffnung, die fünf Sozialzentren könnten je den für sie wichtigen Region-bezogenen Teil abdecken und zudem noch mit Quartierinformationen ergänzen. Dieser Standard wurde nicht erreicht. Mein Bild vom gut informierten Bürger, der gut informierten Bürgerin, die auch selbständig sich einen Weg zu Problemlösungen suchen und erarbeiten können, war illusorisch.

Heute nimmt in einem speziellen Segment das "Kafi Klick" eine ähnliche Funktion war. Es ermöglicht jenen Menschen, die keinen Zugang zum Internet haben Hilfestellungen an. Ich bin überzeugt, dass auch im Zeitalter von Google und Internet für alle, die kon-krete Informationsquelle, die im Gespräch vertieft und auch verifiziert werden kann, nicht ausgedient hat. Sicher ist es nostalgisch von mir, dass ich die Auflösung der Informationsstelle des Zürcher Sozialwesens wie die Auflösung des Informationszentrums der Stadt Zürich als qualitativen Verlust sehe. Auch, dass das Handbuch des Zürcher Sozialwesens nicht mehr hergestellt wird, bedaure ich.

Dass in den Sozialzentren die Informationen über den konkreten Sozialraum, in dem sich das Zentrum befindet, stark ausgebaut werden kann, war aber ein richtiger Entscheid, wollten wir doch den Ansatz der Sozialräumlichen Ressourcen in die Arbeit einbeziehen. Unsere Stadt hat viele Ressourcen, z.T. staatliche, z.T. kirchliche, gemeinnützige, wir haben trotz grossstädtischer Kultur viele Einsatzorte von Freiwilligen, wir haben Treffpunkte, die Gemeinschaftszentren, Jugendverbände. Dies alles sind Ressourcen, die im Sozialraum zur Verfügung stehen. Ein Sozialarbeiter oder eine Sozialarbeiterin muss nicht alle Arbeit allein machen. Er oder sie kann die vielfältigen Ressourcen nutzen und einbeziehen.

Selbstverständlich gab es immer Fachleute, die mit der sozialräumlichen Vernetzung arbeiteten.

Susi Luther, eine langjährige kirchliche Sozialarbeiterin, gelang es über Jahre, die Fachleute von privaten und staatlichen Stellen im Kreis 2 miteinander zu vernetzen. Bei einem Mittagslunch, einmal im Monat, konnten schnell Informationen ausgetauscht, zu zweit, ohne Bürokratie, für einen Fall ein Ausweg skizziert werden und auch die öffentliche Sozialhilfe war mit eingeladen. Ich selbst war schon als Mitarbeiterin der Informationsstelle des Zürcher Sozialwesens – ebenfalls im Kreis 2 domiziliert – in den 80er Jahren und dann als Politikerin und als Vorsteherin des Sozialdepartements mehrmals aktiv mit dabei. Es waren immer fruchtbare zwei Stunden, die sehr gut für alle Anwesenden investiert waren.

Auch der Berufsverband der Sozialarbeiter/innen veranstaltete Mittagslunches in der Helferei, bei der jeweils Referate und aktuelle Themen unkompliziert debattiert und im informellen Austausch manche Themen und Alltagsprobleme bereinigt werden konnten.

Bei der Erarbeitung der Vorlage zur Soziokultur hatten wir in allen Stadtkreisen Analysen durchgeführt, welche räumlichen Möglichkeiten vorhanden sind und auch wo Schwerpunkte der Begegnung und möglicherweise auch Konfliktorte liegen. Diese „Sozialkarten" standen nun den

Quartierteams zur Verfügung. Es war nämlich schnell klar, dass wir die Menschen, die zum Intake kommen, nach ihrer Adresse zuteilen und nicht mehr nach ihrer „Problemlage". Es gab Mitarbeiter/innen, die das mit Energie und Lust anpackten, andere schüttelten den Kopf. Für sie fand Sozialhilfe im Büro statt und sicher nicht „auf der Strasse", im Gemeinschaftszetrum oder im Jugendtreff. Und Sozialarbeit macht man als Einzelhilfe und nicht als Gruppen- oder gar Gemeinwesenarbeit. Dabei wissen wir, dass ein Treff von alleinerziehenden Müttern beispielsweise Kräfte freisetzen kann, dass eine Gruppe von Jugendlichen auch mal einen „Schwierigen" mitcoachen kann, dass eine gemeinsame Strassenaktion ungeahnte Fähigkeiten der Nachbarin Y hervorbringen kann – Ressourcen eben und nicht Defizite.

Vom Wechseln der Räder am fahrenden Zug
Die Vision war da, allmählich waren es auch die Strukturen, die Kultur aber, die würde viel mehr Zeit beanspruchen. Das war mir von Anfang an klar und die Mitarbeiter/innen waren dabei unterschiedlich schnell und unterschiedlich motiviert. Die einen fanden es toll, so „ganzheitlich" – ein damals aus der Mode gekommener Begriff – zu arbeiten, während andere eher an die klaren Abgrenzungen von einst dachten, wo es übersichtlich war, was sie tun mussten und wann sie den Fall weitergeben konnten. Einzelne sehnten sich, nicht mehr immer zuständig zu sein und wirklich am Fall bleiben zu müssen.

Wie in allen Betrieben gab es Teams, die sich schnell zusammenfanden und gern miteinander die Knackpunkte angingen und andere, die jammerten, sich gegenseitig blockierten und lautstark meinten: das geht so nicht. Es war eine heikle Führungsbalance zu schauen, was ist nur „laut" und was ist wirklich neu zu überdenken. Dafür standen auch externe Begleiter/innen zur Verfügung für Supervision und Teamberatung. Ich merkte leider relativ spät, dass es da auch solche gab, die sehr gern mithalfen über das Neue zu jammern und ihre Unterstützer/innenrolle illoyal ausfüllten. Mir ist es einfach nicht in den Sinn gekommen, dass Professionelle so handeln könnten. Ich finde es auch ethisch unverantwortlich, einen Auftrag anzunehmen, wenn mich die Sache nicht überzeugt, auch wenn sie gut besoldet ist!

Es war eine kreative und dynamische Zeit, die mich forderte und beflügelte. Sie führte zu einer Aufbruchsstimmung im Departement und als wir die neuen Positionen im Stellenanzeiger der grossen Tageszeitung ausschrieben, wurden unsere Reformen auch schweizweit debattiert. Ich konnte an den Sitzungen der Sozialdirektorenkonferenz, der SKOS und der Städteinitiative informieren und spürte viel Anerkennung aber auch – was ja normal ist – den „Antizürichreflex" und schlicht Neid. Die wieder in Zürich... das, was meine Vorgängerin schon über Jahre gehört hatte, war jetzt an meine Person geklebt. Doch damit liess sich leben, bedrohlich wurde es erst Jahre später.

Nicht so neu in der Geschichte der Sozialarbeit
Ich hole immer wieder die Geschichte unseres Berufs hervor. Sie bestärkte mich: was vor 150 Jahren in den Grossstädten Amerikas und zum Teil auch Englands, so z.B. unter dem Titel der "Hullhouse"-Bewegung, entwickelt worden war, als Start für die Profession der Sozialarbeit gedient hatte, konnte in einer schweizerischen Grossstadt in einem wohlhabenden Land doch nicht so fremd sein. Allerdings: die Zeiten hatten sich geändert und die Haltung der sozialen Frage gegenüber war durch die politischen Wirren des 20. Jahrhunderts eine total andere.

Die klassische Linke pochte auf die sukzessive Ausbreitung des Wohlfahrtsstaates, obwohl für mich schon Ende der 90er Jahre deutlich wurde, dass dieser zu einem Ende gekommen war. Und die klassische Rechte war gespalten. Die konservativen Kräfte verlangten eine Rückkehr zum obrigkeitlichen Staat, wo befohlen und gehorcht, sanktioniert und gestraft wird. Alles andere diene dem Schmarotzertum. Zunehmend herrschte Konsens, dass der Staat zurückgesteckt wird und vertrauten darauf, dass der Markt alles reguliere.

Es gab aus freisinnigen Kreisen den Vorschlag der negativen Einkommenssteuer, also ein Instrument, das immer wieder von liberalen Kräften gefordert worden war: wer Geld hat, bezahlt Steuern, wer wenig oder keines hat, bekommt und zwar unabhängig von der persönlichen Situation, vom Verhalten und den Umständen. Die Vorstellung, dass all jene Zürcherinnen und Zürcher so quasi vom Sozialdepartement ans Steueramt abgegeben werden könnten, wenn es sich ja wirklich „nur" um finanzielle Schwierigkeiten handelte, gefiel mir. Der Vorschlag hatte keine Chance im Parlament. Ich bin überzeugt, er wird im Laufe des 21. Jahrhunderts wieder auftauchen.

Dass die Sozialdetektive, Inspektoren wie wir sie in Zürich nennen, nun auch verdeckt im Versicherungswesen agieren können, ist bemerkenswert. Es zeigt, wie uns die Geschichte aus den 70er und 80er Jahren wieder einholt, wo der Staat überzeugt war, dass dort, wo er bezahlt, alles erlaubt ist. Aber mit diesem Generalverdacht ist die, schon durch die Machtverhältnisse asymmetrische Beziehung zwischen Sozialarbeiter/in und Klient/in, zu einer Misstrauens- und Kontrollbeziehung degradiert. Wesentliche methodische Prozesse, die für eine Hilfe, die ja zur Selbsthilfe führen soll, sind nicht mehr möglich. Wenn z.B. das Zürcher Kantonsparlament wieder die Miete direkt vom Sozialamt an den Vermieter überweisen lassen will, weil es ja sein könnte, dass der Sozialhilfebeziehende das Geld für die Miete anders ausgeben würde, dann werden die Faktoren Selbständigkeit, Verantwortung und autonome Lebensführung obsolet. Deutlich wurde in den Voten zur Debatte, dass wer Hilfe braucht, eigentlich seine Autonomie aufgeben muss. Dieser Ansatz war früher im Vormundschaftsrecht verankert und zwar in dem Sinn, dass Menschen, die in alltäglichen Dingen nicht selbstständig handeln, unter anderem mit dem Geld nicht umgehen können, einen Begleiter, Beistand, Vormund zur Seite haben sollen. Mit dem neuen Kinder- und Erwachsenenschutzrecht wurde der Gedanke verbunden, dass jede Person nach Massgabe ihrer Bedürfnisse eben massgeschneiderte Begleitung und Unterstützung erhalten soll. Diese Unterstützung wird sehr häufig den Sozialämtern übertragen. Mit der pauschalen Wegnahme von Autonomie und der kollektiven Kontrolle werden sowohl die Ansprüche aus dem Sozialhilfegesetz und die Ansprüche des neuen Kinder- und Erwachsenenschutzgesetzes geritzt.

ARBEIT STATT FÜRSORGE – DER ERGÄNZENDE ARBEITSMARKT

In der Schweiz ist bis jetzt – und das scheint noch lange so zu bleiben – die soziale Sicherheit an die Lohnarbeit gekoppelt. Wer Lohnarbeit leistet oder geleistet hat, ist sozial relativ abgesichert. Wer das nicht (mehr) kann, droht in Armut zu fallen. Allerdings sind die Risiken und ihre Absicherung sehr unterschiedlich festgelegt. Unfallversicherung, Militärversicherung, Invalidenversicherung (IV), Arbeitslosenversicherung, Alterssicherung, Mutterschaftsversicherung, sie alle haben eine Geschichte, leben vom damaligen Zeitgeist und den damaligen politischen Mehrheiten. War es „selbstverständlich", 1948 nach den Krisenjahren der 30er Jahre und dem 2. Weltkrieg eine allgemeine Alters- und Hinterbliebenenversicherung zu schaffen, die auf dem Solidaritätsprinzip beruht, auf die man stolz war, zeigen die Reformbemühungen und deren Debatte, dass sich dieser Zeitgeist längst verflüchtigt hat.

Erst recht ist die Zusammenarbeit der drei Säulen der sozialen Sicherheit: Arbeitslosenversicherung, Invalidenversicherung und Sozialhilfe ja objektiv unabdingbar, sind sie doch eine

Art kommunizierende Röhren. Die Zusammenarbeit wurde auch immer wieder gross propagiert und in den sogenannten Tripartiten Kommissionen institutionalisiert. Es funktionierte nicht und heute je länger, je weniger.

Das Denken: hoffentlich bin ich nicht zuständig, ist so verbreitet, dass buchstäblich der Sozialhilfe der Schwarze Peter zugeschoben wird. Die Sozialhilfe soll betreffend Arbeitsintegration sofort erreichen, was die Arbeitsämter und die IV über Monate nicht erreicht hatten, obwohl diese auf Arbeitsintegration spezialisiert sind. Und heute, wo es eine Erfolgsmeldung ist, wenn die IV sagen kann, wir haben weniger Fälle und die Regionalen Arbeitsvermittlungsstellen (RAV) sagen, wir haben weniger hohe Zahlen ohne dass irgendwer nachfragt, was mit den Erwerbslosen und Desintegrierten wirklich geschehen ist, bleibt die koordinierte und konzentrierte Wirkungskontrolle eine Illusion. Dazu bräuchte es ein intensives Casemanagement und die Verbindlichkeit über beide Versicherungen resp. zusammen mit der Sozialhilfe, dass ein Fall erst dann ein „Erfolg" ist, wenn die Person während mindestens einem Jahr im ersten Arbeitsmarkt integriert ist, genügend Lohn bezieht und sich selbständig sichern kann.

Versuch in der Stadt Zürich
Wir versuchten in der Stadt Zürich zu realisieren, was möglich ist. Wer die Stelle verliert oder keine findet, kann sofort an einem „geschützten" Arbeitsplatz anfangen. So gehen keine Kompetenzen verloren und der Rhythmus von Arbeit, Freizeit, Kollegialität kann beibehalten werden. Aus Sozialfirmen heraus kann dann die gezielte Vermittlung angepackt werden. Wenn aber zuerst monatelange „Beratungen", Hunderte von Bewerbungen (immer mit den Einstiegskurs: „wie bewerbe ich mich richtig") dazwischen liegen, dann ist nicht nur die Motivation unter Null sondern auch die Fähigkeit zu arbeiten, verloren gegangen. Beraten schafft keine Arbeit. Bewer-

bungen schreiben auch nicht. Der Markt reguliert weder die Motivation der Betroffenen noch ihre Chancen und wenn ja, dann nach unten.

Dass heute der Verdacht immer lauter wird, wer nicht arbeitet, sei ja nur ein fauler Kerl, der die Sozialleistungen erschleiche, fördert nichts ausser Wut. Im Gegenteil, es gibt ja bekanntlich das Phänomen der "self-ful-filling prophecy". Wenn die IV einem jungen Mann eine teure Ausbildung, Umschulung bezahlt und niemand sich kümmert, ob er anschliessend auch eine Stelle findet, dann ist das keine Integration. Wenn die Sozialhilfe monatelang bezahlen muss, weil die IV sich nicht entscheiden kann, ob sie im Fall einer psychischen Erkrankung eine Rente ausrichten will oder nicht, dann ist das verlorene Zeit und verlorenes Geld. Ich verstehe das nicht. Dass die um die Jahrtausendwende in der Euphorie des aktivierenden Sozialstaates klaren Erkenntnisse heute wieder aufs Eis gelegt sind und jede Kasse schaut, dass sie nicht belastet ist, ist keine Sozialpolitik.

Politische Divergenz – Konvergenz
In einem Punkt gelang es in den „Nuller"-Jahren noch die Reihen zu schliessen: dass "Arbeit statt Fürsorge", sowohl für die öffentliche Hand, wie für die einzelne Person oder das einzelne betroffene System (Familie) nachhaltig Sinn macht. Der Stadtrat war bereit, eine Motion aus dem Parlament, das verbindliche Arbeitsintegration mit der Sozialhilfe verbinden wollte, als Auftrag anzunehmen, wohl wissend, dass damit auch der Auftrag verbunden war, dass Arbeit bereit gestellt werden musste und zwar in vielfältiger Art. Das Modell des Ergänzenden Arbeitsmarktes war geboren resp. gestärkt.

Wir erkannten: Zum inneren Kern „gesicherter Arbeitsplätze", zu denen wir staatliche Grundversorgung wie Sicherheit und Strassenverkehr rechnen können, gibt es zunehmend gefährdete Arbeitsplätze. Das zwingt immer wieder Menschen an den Rand des Arbeitsmarktes, wenn sie herausgefallen sind und so zeigen sich klare Abwertungen: Es gibt Erwerbslose mit guten Reintegrationschancen, gut ausgebildet, gesund und relativ jung, es gibt Menschen mit erschwerten Integrationschancen, wenig oder sehr speziell qualifizierte, nicht mehr junge, Menschen mit Migrationshintergrund, auch wenn sie vorher erfolgreich über Jahre in der Schweiz gearbeitet haben, und schliesslich die Erwerbslosen ohne berufliche Integrationschancen.

Alle Beteuerungen, dass der Arbeitsmarkt integriert, sind falsch. Der Arbeitsmarkt selektioniert und zwar gnadenlos. Er holt sich die Leute, die er braucht, auch im Ausland. Selbst jene Unternehmer tun es, die sonst im Brustton der Überzeugung gegen die Einwanderung kämpfen. Im Übrigen selektionieren sie nach der maximalen Leistungspotenz.

Selbstverständlich gibt es Ausnahmen, Unternehmer mit sozialer Ader, Grossfirmen, die sich eine Nische leisten, staatliche, öffentliche oder gemeinnützige Unternehmungen, die gezielt einen Teil ihrer Arbeit an Sozialfirmen vergeben, doch das ist die Ausnahme. Deshalb war es im Sozialdepartement und dann auch im Stadtrat klar, wenn wir den Grundsatz Arbeit statt Fürsorge ernsthaft realisieren wollen, müssen wir in das Schaffen entsprechender Arbeitsplätze investieren.

Wir definierten: der Ergänzende Arbeitsmarkt ist ein "Marktplatz" für alle
- öffentlichen, gemeinnützigen und privaten
- Angebote für und Nachfrage nach
- bezahlten oder unbezahlten Tätigkeiten
- mit dem Zweck einer beruflichen Integration,
- dem Zweck einer beruflichen Integration mit persönlicher Betreuung
- oder mit dem Zweck einer sozialen Integration

Wollen wir die Soziale Sicherheit für alle zugänglich machen und erhalten, so war die Exekutive überzeugt, musste Arbeit für alle bereitgestellt werden, es sei denn ein klarer Versicherungs- oder Krankheitsfall erfordere eine Rente. Der Stadtrat war bereit, in allen Verwaltungsabteilungen nach Arbeit zu suchen, die an Integrationsbetriebe des Sozialdepartements als Auftrag übergeben werden könnten.

Die Gemeinnützige Arbeit ist tatsächliche Arbeit
Integration soll nicht nur im Bereich der Lohnarbeit sondern auch im Bereich der gemeinnützigen Arbeit möglich sein. Das war ein weiterer, fast revolutionärer Faktor im System der Sozialhilfe Zürich. Revolutionär war es natürlich nicht. Denn seit Jahrhunderten lebt die Wirtschaft von den Vorleistungen der gemeinnützigen Fürsorgearbeit in den Familien. Kein Manager und kein Arbeiter, kein Lokiführer und kein Bankier kommt als solcher zur Welt, sondern als hilfloser kleiner Mensch, dem mit viel Liebe, Zeit und Arbeit über Jahre das Aufwachsen und das Hineinwachsen in die Erwachsenenrolle, in berufliche Tüchtigkeit und Selbständigkeit ermöglicht wird. Diesen Faktor hat die klassische Linke nie wirklich ernst genommen. Die Erziehungs- und Familienarbeit war auch seit Hunderten von Jahren an die Geschlechterfrage gebunden und damit – auch bei Karl Marx und andern Denkern – ein Nebenwiderspruch, der sich dann schon lösen lassen wird.

Frauen, vor allem wenn sie verheiratet und Mütter waren, wurden durch das patriarchale System an die Lohnarbeit des Ernährers gebunden und mitversichert. Selbstverständlich nur so lang, wie der Ehevertrag dauerte. Geschiedene Frauen, alleinziehende Mütter hatten da nur Löcher zu entdecken. Den Witwen ging es besser. Doch schon in den letzten Jahrzehnten des 20. Jahrhunderts zeigte sich die gesellschaftliche Entwicklung, die die Ehe als tragendes System der gesellschaftlichen Sicherheiten ins Wanken brachte. Probleme im Zusammenhang des Alleinerziehens, des Geschieden sein waren sehr häufig der Anlass für den Gang auf das Sozialamt. Mit der finanziellen Abhängigkeit wurde auch gleich die Vermutung verbunden, alleinerziehende Frauen würden als Erzieherinnen sowieso versagen – eine bittere Zusatzpille. Auch wenn die Väter vorher nie anwesend waren, dass sie nun „vertraglich" abwesend sein dürfen, fiel auf die Frauen zurück.

In der Stadt Zürich wurde Gemeinnützige Arbeit als Arbeit anerkannt und als Leistung in die Berechnung von Sozialhilfe integriert. Das galt nicht nur im familiären Bereich sondern auch in den Hunderten von Möglichkeiten in einem Gemeinwesen im sozialen, pflegerischen und Umweltbereich. Diese Arbeit, die im kapitalistischen System natürlich nicht als produktiv gilt, trägt wesentlich zur Sozialen Sicherheit und der Lebensqualität eines Gemeinwesens bei. Das bewusst zu machen, war für mich sehr wichtig.

Das Asylmanifest, in dem wir für Asylsuchende gemeinnützige Arbeitstätigkeiten zur Verfügung stellten, hatte wesentlich zur Akzeptanz der grossen Zahl von Asylsuchenden in Zürich beigetragen. Ein dunkelhäutiger Gehilfe des Schulhausabwarts war plötzlich eine Respektsperson für die Schulkinder. Die fremdländisch aussehenden Menschen, die Hilfsarbeiten in Alters- und Pflegeheimes verrichteten, hatten – bedingt durch ihre Kulturen – eine hohe Achtung vor alten Menschen. Das spürten diese und es kam trotz Sprachschwierigkeiten zu Beziehungen. Lachen und Herzlichkeit verbindet immer. Und schliesslich war es für alle eine Freude, an der Endhaltestelle in ein Tram einzusteigen, das von Gratiszeitungen und Flaschen gereinigt war. So konnte man sehen, dass dem tamilischen Helfer mit Handschlag gedankt wurde.

Job Plus
Ein besonderes Augenmerk wurde selbstverständlich auf die jungen Menschen gerichtet. Für sie ist es besonders wichtig,

dass sie in eine Arbeitssituation kommen, in der sie ein selbständiges Einkommen und ein unabhängiges Leben als Perspektive haben. Da die Berufsberatung im Sozialdepartement angesiedelt war, lag es auf der Hand, dass der Übergang von der Schule in eine Ausbildung intensiv beobachtet, zusammen mit den Lehrerinnen und Lehrern debattiert und begleitet wurde. Lehrstellen-Akquisition war ein Muss zu jener Zeit. Der Stadtrat lancierte innerhalb der Verwaltung eine Initiative und wir im Sozialdepartement fokussierten uns auf Lernende mit Migrationshintergrund.

Meine Mitarbeiter/innen waren zuerst wenig begeistert. Sie fürchteten, damit nehme der Durchschnitt der Noten bei der Lehrabschlussprüfung eine Schieflage ein; denn unter den Departementen gab es so etwas wie einen Wettbewerb, wer die besten Absolvent/inn/en auszeichnen konnte. Das Gegenteil stellte sich ein. Viele der jungen Frauen und Männer mit Migrationshintergrund nutzten die Chance und wurden ehrgeizige Lernende. In zwei aufeinanderfolgenden Jahren konnte das Sozialdepartement Lehrabgängerinnen und -gängerauszeichnen, die zu den Besten zählten.

Der Übergang von der Schulzeit in die Ausbildung ist als kritischer Übergang bekannt. Wir versuchten wirklich jeden einzelnen Schulabsolventen und jede Schulabsolventin zu erreichen.

Im Herbst, also zwei Monate nach Schulabschluss, wurde jeweils öffentlich zu einem "last call" eingeladen, zu einem Marktplatz für all jene, die noch keine Perspektive hatten. Praktikumsstellen, noch offene Lehrstellen, 10. Schuljahr, Privatschulen konnten da um die noch Abseitsstehenden werben und das Ziel war, dass am Abend jede/r wusste, wie es weitergeht. Natürlich war das ein ehrgeiziges Ziel, das wir aber fast vollständig erreichen konnten.

Ein zusätzliches Netz spannten wir mit dem Projekt „Job plus", d.h. während eines Jahres konnten Jugendliche drei Tage irgendwo arbeiten und an zwei weiteren Tagen wurden sie schulisch gefördert. Schulmüde Jugendliche bekamen so die Chance, einmal richtig „etwas zu tun" und konnten sich während eines Jahres mit Unterstützung auf eine Entscheidung einlassen. Das Suchen von praktischen Arbeitsplätzen war eine intensive Aufgabe.

Es gab Mitarbeiter/innen die quasi Laden für Laden, Restaurant für Restaurant und vor allem auch Hausabwarte und technische Gewerbetreibende aufsuchten und sie um eine solche Mitwirkung baten. Das war sehr erfolgreich und man war beeindruckt, dass wir so intensiv die Ausbildung für Alle anstrebten. Die Kosten für die Schule konnten wir teilweise auch mit Sponsoring sicherstellen. Es gab ausländische Firmen, die mit unserem dualen Lehrsystem nicht vertraut waren, aber auf unsere intensive An- und Nachfrage mit Geld die Jugendlichen in ihrem Standortland fördern wollten.

Die „Feier" zum Abschluss des "Job plus"-Jahres gehörte für mich zu den erfreulichsten Anlässen: Jugendliche, die lernten ihr Leben zu packen, Arbeitgeber aller Stufen, die Spass hatten, diesen Weg mit ihnen zu gehen und natürlich meine Mitarbeiter/innen, die einfach stolz waren und es auch sein durften. Nicht selten erlebte ich Eltern, fast ohne Deutschkenntnisse, die mit Tränen in den Augen sahen, wie ihr Sohn oder ihre Tochter den Ausweis entgegennahm.

Schliesslich gründeten die Fachleute den Lehrstellenverbund. In der modernen, schnelllebigen Zeit ist es für Gewerbe wie für Handel nicht immer einfach, sich auf drei oder vier Jahre Ausbildungszeit verpflichtend einstellen zu können. Zusammenarbeit zwischen zwei oder drei Firmen konnten aber Entlastung und gleichzeitig Sicherheit geben.

Löcher für junge Menschen vermeiden
Mit der aktiven Bereitstellung von Arbeit wurde erreicht, dass die Menschen wussten: ich kann am Montag anfangen. Ich muss nicht als erstes wieder Bewerbungen schreiben, mich vorstellen, meine Lebensgeschichte, die erfolgreiche und ihre Brüche zum X-ten Mal erzählen. Ich darf zeigen, was ich kann. Genau darum ging es. In den Integrationsworkshops wurde einfache Arbeit bereitgestellt, wo die Menschen zeigen konnten, was sie können und nicht was sie nicht können. Der ressourcen-orientierte Ansatz wurde konkret. Je nachdem wurde schnell sichtbar, wo die besonderen Fähigkeiten liegen und der Betroffene konnte in ein weiterführendes Programm oder gar in eine Sozialfirma übertreten. Natürlich wurden auch die Defizite sichtbar und man konnte versuchen diese anzugehen. Lagen sie im Sprachbereich? Im Suchtbereich? Im Charakter? Waren zu viele negative Erlebnisse zusammengekommen und war deshalb das Selbstbewusstsein bei Null? Da begann dann wieder die konkrete Einzelhilfearbeit. Ein Casemanagement sollte diese Person unterstützen und begleiten, bis sie oder er wieder sicheren Boden unter den Füssen hatte.

Das ist die Idealvorstellung, ich weiss. Ich hörte natürlich immer die Stimmen: Er oder Sie muss halt selbst handeln. Einverstanden. Erlebten wir aber nicht alle in unserem Leben auch schon Phasen, wo wir einfach nicht konnten? Waren wir da nicht dankbar, wenn Menschen uns begleiteten, ermutigten, vielleicht mal für uns Türöffner waren? So sehr ich für die Selbsthilfe, die Autonomie und das Selbstmanagement bin, ich glaube, heute wird der Begriff Autonomie überschätzt. Sie wird vielleicht auch da und dort zum Schild der Abwehr, um sich nicht kümmern zu müssen, weder um die Nachbarin, noch die Freundin noch vermehrt um den Klienten.

Ganz besonders wichtig ist die enge Begleitung von jungen Menschen. Für sie lohnt es sich doch, sich so zu engagieren, dass sie den Weg in ein geregeltes, finanziell unabhängiges Leben finden. Es gibt genügend Beispiele – ja Skandale – wo dann die entstehenden Kosten zur ewigen Empörungsfalle werden, wenn eben die Stabilisierung und die Integration nicht gelingen.

Arbeit bereitstellen, unternehmerisch werden
Selbstverständlich kamen sofort kritische Stimmen zum Modell des „Ergänzenden Arbeitsmarkts". Die einen befürchteten, der Staat übernehme Aufträge, die eigentlich dem Gewerbe und dem Markt gehören und andere befürchteten, wir würden Lohndumping betreiben. Beides stimmte zum ganz kleinen Teil.

Teilarbeitslohn
Wer nicht voll leistungsfähig ist, leistet doch auch Arbeit, aber eben nicht so, wie ein voll leistungsfähiger Mensch. Für die Teilarbeitsfähigkeit soll er oder sie aber bezahlt werden. Denn auch eine Teilleistung ist eine Leistung. Was eigentlich logisch scheint, wurde zum hartnäckigen Zankapfel. Darf der Staat, in diesem Fall das Sozialdepartement, in seinen Betrieben Teilarbeitslöhne bezahlen? Wie hoch dürfen die sein, damit sie nicht die Sozialhilfe minimieren und /oder, dass sie nicht ausbeuterisch wirken? Ab wann wird der Teilarbeitslohn sozial- und versicherungsrelevant? Auch bei der gemeinnützigen Arbeit? Untergräbt der Staat damit die Mindestlöhne?

Marktstörung
Falls ein Betrieb Cateringaufträge an einen Sozialbetrieb übergibt, schädigt er dann das Gastgewerbe? Falls eine Firma, die Blumenpflege an einen Sozialbetrieb übergibt, schädigt er dann die Gärtnereibetriebe? Falls der Staat einen Grossauftrag an einen Sozialbetrieb übergibt, da auf dem Markt kein Anbieter ist, der über die finanziellen Möglichkeiten verfügt, wie sie der Staat hat? Was bedeutet das dann?

Sargproduktion
Die Friedhofsordnung der Stadt Zürich sichert den Verstorbenen mit Wohnsitz in der Stadt Zürich einen Gratissarg zu. Er darf maximal CHF 150.- kosten. Für diesen Preis nimmt kein Schreinerbetrieb auch nur einen Bleistift in die Hand. Des-halb wurde die Sargproduktion nach Polen ausgelagert, was ökologisch ein Unsinn war. Wir holten die Sargproduktion nach Zürich zurück. In der Sargschreinerei können nun die einfachen Särge hergestellt werden. Das gibt ca. 23 Personen Arbeit und die Produktionskosten stimmen. Darf das sein oder wer bestimmt, dass das nicht sein darf?

Bis heute ist diese Auseinandersetzung nicht definitiv geführt. Ich bin überzeugt, dass wir für alle, auch teilleistungsfähige Personen Arbeit hätten, wenn weniger Ideologie und mehr praktischer Verstand für die Integrationsbetriebe und Sozialfirmen gelten würden. Wir konnten uns nur retten, indem wir eine tripartite Kommission einrichteten, in der Gewerbe, Gewerkschaft und Verwaltung Punkt für Punkt debattierte und bereinigte. Einige kreative Projekte wurden auch „gebodigt", was mich, als immer auch unternehmerisch denkende Managerin, fast verzweifeln liess. Der Staat muss unternehmerisch handeln, darf aber nicht unternehmerisch sein. Wo steht eigentlich dieser Satz?

Stiftung Züri Jobs
Der Stadtrat unterstützte meinen Antrag und war bereit, eine Million Franken in eine Stiftung einzulegen. Die Sozialfirmen benötigten Anfangskapital für Anschaffungen und für die Umsetzung unternehmerischer Ideen im Bereich von Integrationsbetrieben. Diese Stiftung Züri Jobs war aber – so die einhellige Meinung – überhaupt nicht nur Aufgabe der öffentlichen Hand. Wir gingen auf Überzeugungstour zu Stiftungen, Grossunternehmen, Banken.

Es mag heute reichlich exotisch tönen, dass der freisinnige Finanzvorstand und die Sozialvorsteherin gemeinsam zu Banken gingen und dort auf oberster Ebene verkündeten: Steuern zahlen allein genügt nicht. Aber damals war es möglich. Wir legten unsere strategischen Überlegungen vor und sammelten in einem halben Jahr insgesamt drei Millionen Franken. So konnte die Stiftung Züri Jobs mit einem Stiftungskapital von vier Millionen Franken starten. Mit ihren Zinserträgen konnte für einige Projekte und Betriebe gute Anfangshilfen geboten werden. Das Committment, dass eine sichere Stadt auch eine sozial sichere Stadt bedeutet und dass Sozialpolitik und Integrationsarbeit unabdingbare Voraussetzungen für diese Zielerreichung waren, wurde verstanden und akzeptiert.

In dieser intensiven Zeit, als es darum ging, Arbeit zu generieren für all Jene, die aus dem Netz des klassischen Arbeitsmarktes herausgefallen sind, sammelte ich Erfahrungen, die uns eigentlich bekannt sind und uns doch immer wieder überraschen. Menschen, die in offiziellen Rollen als Unternehmer, Banker, in ihren Parteifunktionen reden, wie sie wohl reden müssen, zeigen im persönlichen Kontakt die andere Seite. Sie meinen: wir sind froh, dass Sie diese sozialen Probleme anpacken, wir können das nicht, oder: danke, dass Sie sich so engagieren für die Menschen am Rande, das kommt uns zu Gute. Oder: ich kann Ihnen gern persönlich einmal helfen, nur nicht offiziell. Ich akzeptierte diese geteilten Rollen und habe – so glaube ich – dieses Vertrauen nie missbraucht. Ich weiss nicht, ob das heute noch so wäre, da fehlt mir die Nähe zur heutigen Realität und ehrlich gesagt auch der Glaube, dass Menschen über Parteigräben und Ideologien hinweg noch so offen kommunizieren. Vielleicht zeigt sich doch die menschliche Seite, wie offen oder wie verborgen, wie auch immer.

Der Ergänzende Arbeitsmarkt ist ein Reizwort für Linke wie für Rechte. Werden wir aber Arbeit als Richtschnur für ein gelingendes Leben und für eine Integration in die sozialen Sicherungssysteme ansehen, dann muss sie hergestellt und erhalten werden. Das macht definitiv der heutige globale Markt nicht!

Heute stellen wir zunehmend einen Wirrwarr von Vermutungen, Unterstellungen und falscher Vermischung von Versicherungsprinzip und Bedarfsprinzip fest. Es gibt heute auch gut informierte Bürgerinnen und Bürger, denen nicht mehr klar ist, welche Systeme als Grundsicherung in der Verfassung verankert sind. Sie wissen nicht mehr, welche Sicherungssysteme unter dem Solidaritätsprinzip aufgebaut sind (alle bezahlen, alle bekommen, wie die AHV z.B.) und welche nach dem Subsidiaritätsprinzip. Diese Vermischung war nicht etwa nur Propaganda von politisch rechten oder ultrarechten Kräften, auch für die Linken und Gewerkschaften war Sozialhilfe eigentlich immer "falsch". Sie sahen wie erwähnt, in der Regel nur ein Ziel der Sozialpolitik: Vollbeschäftigung und garantierter Mindestlohn. Auch wenn das erstrebenswert ist, wird doch immer deutlicher, dass in einem globalisierten Arbeitsmarkt damit eine Dynamik entsteht, die die Migration zum System erklärt und zwar die Migration von Arbeitskräften wie die Migration von Arbeitsplätzen.

Eine neue Verfassung für den Kanton Zürich
Für den Regierungsrat war das Erstellen der neuen Verfassung eine grosse Chance und er liess für dieses Vorhaben einen hundertköpfigen Verfassungsrat wählen. Auch wenn ich wusste, dass das eine zusätzliche, umfangreiche Mehrarbeit beinhalten wird, kandidierte ich und wurde gewählt. Ich fand es eine sehr spannende Aufgabe, Richtlinien für die Zukunft zu formulieren, an denen sich ein demokratisches Gemeinwesen orientieren soll. Ich arbeitete in der Kommission Sozial- und Gesundheitswesen mit. Es gelang, über fast alle Parteien hinweg, die Idee des aktivierenden Sozialstaates

in die Verfassung zu schreiben.

So wurde Art. 111 formuliert:
- Kantone und Gemeinden sorgen dafür, dass Menschen in einer Notlage, die sie nicht aus eigener Kraft bewältigen können, ein Obdach und Existenz sichernde Mittel erhalten
- Sie fördern die berufliche Umschulung und Weiterbildung erwerbsloser Personen und ihre Wiedereingliederung in den Arbeitsprozess
- Sie fördern zur Bekämpfung von sozialer Not und Armut, die Hilfe zur Selbsthilfe

Mit diesem Artikel wäre eigentlich für die Gesetzgebung in der Sozialhilfe die Latte für eine engagierte, aktivierende Sozialpolitik gesetzt. Ich bin nicht sicher, ob der Kanton in allen Direktionen und der Verwaltung, der Gesetzgeber sowie die Gemeinden sich dieses Anspruchs immer (noch) bewusst sind.

Bei meinen Lehraufträgen bat ich die Studierenden jeweils, in ihren kantonalen Verfassungen nachzuforschen, wie der Auftrag zur Armutsbekämpfung formuliert sei. Dabei zeigte es sich, dass in fast allen Kantonen, die kurz vor oder nach der Jahrtausendwende die Verfassung revidiert hatten, ein Artikel besteht, der einen aktivierenden Sozialstaat verlangt.

Es wird eng und enger
Immer deutlicher wurde in den "Nuller"-Jahren, dass die Zeit des aktivierenden Sozialstaates, obwohl eine erfolgreiche Zeit, vorbei war. Links und rechts vertrauten wieder auf Wachstum und Wohlstand, die so quasi von selbst soziale Fragen beantworten und lösen. Der aktivierende Sozialstaat war auch deshalb eine erfolgreiche Zeit, weil wir – entgegen andern Grossstädten – keine Chronifizierung sozialer Problemlagen (z.B. Vororts Probleme in Paris und englischen Städten) und auch keine „Karriere" von Armut betroffenen Familien (Deutschland z.B. mit den Harz IV Karrieren) feststellen.

INTEGRATION UND ZUSAMMENHALT IN EINER MODERNEN GROSSSTADT – SOZIOKULTUR

In der 2. Hälfte der 90er Jahre wurde für alle spürbar, dass sich die Stadt Zürich rasant entwickelt: neue Quartiere entstanden auf den Industriebrachen, die Globalisierung zeigte sich vielfältig und die Armutsrisiken wurden nicht weniger. Es besteht ja immer Gefahr, was gut läuft, einfach zu verwalten und sich nicht auf neue Wege, neues Gestalten einzulassen. Aber würde es uns auch gelingen, diese Anforderungen zu gestalten, damit keine Chronifizierung entstand? Die Berichte über solche Prozesse aus Grossstädten Deutschlands (Ruhrpott, Berlin) und Frankreichs (Paris, Marseille) zeigten die Gefahr deutlich. Wird uns noch genügend Kraft und Lust bleiben, um neue Fragen auch neu anzupacken, z. B. in der Soziokultur, im alltäglichen sozialen Zusammenleben? Wie wird es zwischen den Generationen laufen, wie zwischen Neuzuziehenden und den Alteingesessenen? Wie werden sich die etablierten Quartierstrukturen (Quartiervereine, kirchliche Organisationen) mit den neuen Herausforderungen, wie Grossüberbauungen, neue Schulzentren, Mehrkonfessionalität arrangieren? Wie wird es gelingen, bei allem demokratischen, historischen Bewusstsein der Schweiz (bei uns war es, ist es immer so), auch für eine Grossstadt Prozesse und Strukturen einzurichten, wo Menschen tatsächlich auch mitmachen, vielleicht da und dort auch mitbestimmen können? So entstand das Grossprojekt Soziokultur.

PROJEKT SOZIOKULTUR

Soziokultur ist ein professionelles Fremdwort. Es wurde bis heute kein aussagekräftigeres gefunden und der Begriff hat sich etabliert. In allen Quartieren luden wir zu Versammlungen, zeigten auf der Quartierkarte, wie viele und welche Einrichtungen, staatliche, private und gemeinnützige es im Stadtkreis gibt. Weiter zeigten wir auch die Analyse der jetzigen und vermutlich zukünftigen Zusammensetzung der Bevölkerung. Die Vielzahl der Abende strapazierte das Zeitbudget vieler Mitarbeiter/innen. Wie immer waren solche Projekte, zusätzlich zu den Alltagsaufgaben, zu bewältigen. Nach viel Skepsis und zum Teil vornehmen Abseitsstehen engagierten sich kirchliche und gemeinnützige Organisationen ebenfalls, auch die Quartiervereine hatten ihren Auftritt. So kam allmählich, zäh und holprig, aber doch immer intensiver, ein Prozess in Gang, der zur Schaffung von Netzwerken führte, die bis heute funktionieren. Das Geld, das die Stadt vorher da und dort, bei gewissen Organisationen wie den Gemeinschaftszentren als „Defizitdeckung" oder einfach „Subvention", reichlich ausbezahlte, wurde zukünftig mit Leistungen verknüpft, die fachlich entwickelt, öffentlich auszuschreiben und in Evaluationsverfahren zu vergeben waren. Das war neu und gab zum Teil böses Blut.

Bei Einigen hinterliess es den Eindruck, dass ihre bisherige Arbeit nicht gut genug gewesen sei. Das verstand ich nicht so. Vielmehr ging es mir – wie ja in mehrdimensionalen Prozessen immer – darum, dass Strukturen dynamisch in kontinuierlicher Veränderung waren, nicht etwa bestanden, weil es „bis jetzt so war". Ich erlebte auch in Kreisen meiner Berufskolleginnen und -kollegen die ganze Bandbreite von möglichen Reaktionen. Die einen fanden das super, endlich konnten sie sich und ihre Professionalität so öffentlich in Szene setzen, Andere fanden es das Letzte, den Ausverkauf der traditionellen Gemeinwesenarbeit. „Dass man jetzt noch eine Stricheliste machen muss, wie viel Glas Sirup an einem Mittwochnachmittag im Gemeinschaftszentrum ausgegeben wurde" fand man unter seiner Würde. Andere aber wiesen mit Stolz darauf hin, wie viele Kinder unter zehn Jahren den ganzen freien Nachmittag ohne Konsumzwang und doch „verpflegt" hier spielen und Spass haben konnten.

Wie immer, in solchen auf Monate angelegten Prozessen, gab es Ermüdungserscheinungen. Auch die Gemeindepolitik debattierte das Projekt widersprüchlich. Es gab Medienberichte, die die ganze Sache lächerlich, ja gefährlich darstellen (DDR Kulturpolitik u.ä.) Andere wieder lobten die emanzipatorischen Ansätze und wieder Andere freuten sich, dass man nun sehe, wofür das Geld ausgegeben werde, die einen lobend, die andern ärgerlich. Ich freute mich über die laute Debatte; denn sie war Teil des Projekts. So etwas kann nicht stillschweigend über die Bühne gehen. Denn sonst wäre in der Projektanlage etwas falsch gewesen.

Es gab auch in den Ausbildungsstätten Diskussionen darüber, was da in Zürich läuft. Auch hier war es für die Einen ein Erfolg, dass die Gemeinwesenarbeit, das Community Development endlich als professionelle Strategie in der Öffentlichkeit wahrgenommen wurde, während Andere die Vereinnahmung von Freiräumen, auch für die Sozialarbeit, befürchteten. Ich freute mich über die sehr gut qualifizierten Frauen und Männer, die sich zum Teil in ihrer Profession neu ausrichteten und sich auf Stellen mit anspruchsvollen Profilen meldeten. Einige sind viele Jahre dabei geblieben, blieben immer wieder wach und engagiert für die nächste Runde, die in der Stadtentwicklung und/oder in der Quartierzusammensetzung angebrochen war.

Dass dann 2018 das Zürcher Parlament alle Verträge neu prüfte und mit grosser Mehrheit gut hiess, ist doch Zeichen einer nachhaltigen Politik in diesem Bereich. Der Sozialvorstand sprach gar von einem Erfolgsmodell Soziokultur.

Eine Mehrheit in der Volksabstimmung
Schliesslich ging es um den heiklen Prozess, die ganze Arbeit der Soziokultur politisch zu verankern, die Gelder zu sprechen und so zu verteilen, dass die Zukunft auch noch Entwicklungen zuliess. Ich betrieb natürlich intensives Lobbying

bei den verschiedenen Stakeholdern und so allmählich wagte ich es, die Vorlage in Stadt- und Gemeinderat zu geben und zwar so ausgestaltet, dass ein Referendum notwendig wurde. Soziokultur in der grössten Schweizer Stadt sollte in der Gemeindeordnung (der Verfassung) verankert werden. Das war eine hohe Latte und ich wusste, dass ich mich ziemlich auf Glatteis bewege. Im Stadtrat bekam ich volle Unterstützung. Meine Kolleginnen und Kollegen hatten über Monate mitverfolgt, was ich versuchte. Mitarbeiter/innen des Hochbaudepartements, auch meine Kollegin Kathrin Martelli als Vorsteherin, waren an gewissen Sitzungen dabei. Diese tatkräftige Hilfe war sehr wichtig. Schliesslich wurde die Vorlage einer Spezialkommission zugewiesen, deren Präsident, Andres Türler, ein sehr starkes Leadership hatte und der ja dann später auch Stadtratskollege wurde. Dank seiner Führung und Kompetenz wurde die Vorlage in relativ wenigen Sitzungen vorberaten und schliesslich von allen Fraktionen, ausser einer, positiv verabschiedet. So konnte ich relativ gelassen die Debatte im Gemeinderat erwarten. Die Fundamentalopposition mit den Schlagworten „Staatskultur", „Geld zum Fenster hinauswerfen" u.ä. hatte keine Folgen. Das war nicht selbstverständlich, auch nicht im Abstimmungskampf. So konnte schliesslich 1999 in der Volksabstimmung die Soziokultur in der Gemeindeordnung der Stadt Zürich mit 53'844 Ja-Stimmen gegen 40'613 Nein-Stimmen verankert werden.

Der Artikel lautet:
«Die Stadt unterstützt und fördert soziokulturelle Aktivitäten auf Ebene der Quartiere und der gesamten Stadt, um den Zusammenhalt, die Eigeninitiative und das Sicherheitsgefühl der Bewohnerinnen und Bewohner zu stärken. Die Aufgabe selbst wird primär privaten Anbieterinnen und Anbietern übertragen, doch kann die Stadt subsidiär auch eigene Angebote betreiben.

Die erforderlichen Mittel zur Förderung der Soziokultur werden vom Gemeinderat mit dem Voranschlag festgesetzt".

Drei Beispiele mögen verdeutlichen, wie die politischen Lösungen erarbeitet werden mussten:
- Die Raumfrage
- Staat oder privat
- „Für oder mit" Partizipation als Kultur

Die Raumfrage
Raum ist teuer, in der notwendigerweise verdichteten Bausubstanz von Grossstädten erst recht. Aber der Mensch braucht Räume und zwar jenseits der privaten. Er braucht Freiräume, Grünräume und auch solche, die er ein Stück weit selbst gestalten kann. Letzteres gilt vor allem auch für die Jugendlichen. Aber auch Familien mit Kindern und ältere Menschen brauchen Räume, in denen sie sich sicher fühlen und wo sie „sein" können, vielleicht einmal ein Fest organisieren und einen speziellen Anlass selber ausrichten können. Die Stadt Zürich war natürlich in der glücklichen Lage, dass Pioniere der Pro Juventute schon in den 60er Jahren die Zürcher Freizeitanlagen geschaffen und mit Erfolg durchgekämpft hatten. In fast allen Quartieren gibt es Gemeinschaftszentren mit Raum, oft auch grosszügigem Aussenraum. Die Pro Juventute hatte über all die Jahre diese Zentren für alle erfolgreich betrieben. Im Rahmen des Soziokulturprojekts konnten wir die Zürcher Gemeinschaftszentren in eine eigene Stiftung überführen. Diese erhielt weiterhin den Leistungsauftrag, die Gemeinschaftszentren für alle offen und attraktiv zu führen. Darüber hinaus aber gab es Wünsche anderer Zielgruppen: Jugendliche möchten „autonomere" Räume. Wir konnten Jugendtreffs, in einem Leistungsvertrag mit der Stiftung Offene Jugendarbeit Zürich (OJA), vergeben. Dazu gab es natürlich eine Vielzahl von Wünschen, die nicht befriedigt werden konnten. Es war wichtig, andere „Besitzer" von Räumen zu animieren, sich zu öffnen, z.B. Altersheime

und Kirchgemeindehäuser, die oft sehr grosszügige Gemeinschafsräume haben mit bestens ausgestatteter Infrastruktur. Bis heute kann ich nicht verstehen, warum all die vielen Schulhäuser in unserer Stadt während zwölf Wochen einfach geschlossen und ungenützt bleiben mit ihren Sälen, Küchen, Werkräumen und Turnhallen.

Das offenere Denken in den Raumfragen war ein zusätzlicher sozialer „Gewinn", gilt es doch das Zusammenleben mit beschränkten Mitteln, hier eben Räume, trotzdem für alle attraktiv und zugänglich zu machen.

Staat oder privat
Das Sozialsystem in der Schweiz steht seit je auf mehreren Beinen. Die Gemeinnützigkeit kennt eine Vielzahl von Organisationen, die seit Jahren wichtige Dienstleistungen und Einrichtungen offerieren, an die der Staat allenfalls bezahlt, die aber nicht in seiner direkten Verwaltung liegen. Das ist eine bewährte Tradition. Das galt und gilt bis heute für die Einrichtungen der Soziokultur. Im Laufe des Projektes kamen natürlich diese Spannungen aufs Tapet: wer hat das Sagen? Gilt quasi: wer zahlt, befiehlt? oder „der „Staat soll ja nie Einfluss nehmen wollen, denn dann ist es mit der Freiheit vorbei" oder andersrum: „der Staat muss, weil Private immer parteiisch sind...".

Der ganze Strauss von Argumenten wurde angeführt , die wir seit Jahrzehnten in der professionellen und in der freiwilligen Sozialarbeit kennen. Für mich war es klar: Es braucht beides. Da die Stadt viel Geld in diesen Sektor gibt, muss sie steuern, die Exekutive muss dem Parlament und der Öffentlichkeit Rechenschaft geben und auch – unter Umständen – pionierhaft schnell etwas aufbauen können. Ich stiess damals mit dieser Haltung auf breites Verständnis und ich glaube, diese Mischung von staatlichen und privaten Trägerorganisationen trug wesentlich zur Akzeptanz des Projektes Soziokultur bei.

Ein wichtiger Partner war und bleibt die Kirche mit ihren Zentren, ihren Räume, ihren Sozialdiakonen, ihren Sozialarbeiterinnen und selbstverständlich den Freiwilligen. Ohne das Netz so vieler in kleineren Räumen engagierter Menschen, wäre auch die städtische Soziokultur allein zu einer so umfassenden Leistung nicht fähig.

Spendenparlament
In der Stadt Zürich kam 2006 ein neuer Faktor der Gemeinnützigkeit dazu: das Spendenparlament. Wie in Hamburg und in München, so sollte auch in Zürich debattiert werden können, wohin private Spendengelder gehen sollen. Denn nur zu oft sitzen Menschen vor all den Gesuchstellern, den Broschüren, den Einzahlungsscheinen und fragen sich: was ist dringlich, wem kann ich trauen, wer ist gerade auf meine Hilfe angewiesen? Seit mehr als zehn Jahren nun verteilt das Spendenparlament, das wertschätzend im Rathaus tagen kann, zwei Mal pro Jahr 80-100'000 Franken an gemeinnützige Organisationen und Projekte, die vorgängig von einer Projektkommission geprüft wurden. Die Geldsuchenden können sich und ihre Aufgabe nicht nur im Foyer sondern auch vor dem Plenum präsentieren, was für viele eine einmalige Übung ist, sich auf das Wesentliche zu konzentrieren und ihr Tun buchstäblich „zu Markte zu tragen".

Die Spender/innen müssen entscheiden und erleben, dass das gar nicht so einfach ist. Falls das Geld nicht für alles reicht, was so eindrücklich und dringlich vorgestellt wurde: Wo setze ich Prioritäten? Wie gehe ich damit um, so viele andere enttäuschen zu müssen? Die harte Arbeit der Sozialpolitik!

"Für oder mit" – Partizipation als Kultur
Ich wählte in der Soziokultur einen emanzipatorischen Ansatz, den ich verteidigte: Soziokultur ist nicht einfach das Bereitstellen von Kursen, Räumen, Angeboten, sondern vielmehr das Bereitstellen von Möglichkeiten, damit Gruppen, Einzelne

ja ganze Organisationen sich entfalten und entwickeln, etwas einüben und über längere oder kürzere Zeit durchziehen können. Ich hatte ja all die Kämpfe um „ein Jugendhaus", „ein Frauenzentrum" erlebt. Es braucht viele, mehrere Räume für Frauenprojekte, mehrere Chancen, wo Jugendliche etwas machen können, es braucht auch spezielle Räume, wie die Musikräume im Jugendkulturhaus Dynamo. Es braucht für Asylsuchende, wenn sie in Zivilschutzanlagen untergebracht sind, auch Räume wo sie sich tagsüber aufhalten können. Es braucht Treffpunkte, mit Kinderbetreuung, für die Durchführung von Sprachkursen für Frauen aus Kulturen, die eben nicht einfach in die Migros Klubschule gehen usw. Die Entwicklung all dieser Angebote, die dann auch einmal wieder beendet werden, kann man nur bedingt „dem Markt" überlassen. Damit war also auch ein Umdenken im methodischen und haltungsmässigen Denken verbunden. Wir sorgen nicht für alles, aber wir machen bereit für vieles, insbesondere die Eigenaktivität. Das ist in der professionellen Sozialarbeit eine Debatte, die immer wieder neu zu führen ist.

Das Projekt Soziokultur war mir ein Herzensanliegen. Das tönt jetzt etwas sehr nostalgisch, ich weiss. Aber für mich war es eine Chance, mein (es war natürlich längst nicht nur mein!!) Verständnis von professioneller Gemeinwesenarbeit umzusetzen. Ich wollte die grossen Ressourcen unserer Stadt für möglichst alle nutzen. Ich freue mich noch jetzt, wenn ich mit meinen Enkelkindern irgendwo bin und schmunzle, weil ich ja die Geschichte hinter den Anlässen und Einrichtungen kenne, die schwierige und die tolle. Ich freue mich ganz einfach, dass so vieles weiterhin funktioniert und zur Lebensqualität unserer Bewohner/innen freundlichen Stadt, für alle Altersstufen beiträgt.

Bäckeranlage im Kreis 4
Ein besonderes Kapitel muss ich hier anfügen, obwohl es erst 2003/2004 relevant wurde. Der Kreis 4 war und ist ein

besonderer Stadtkreis. Er hatte sein Image, mal dieses mal jenes, heute wohl Schmuddelkreis und Schickimickikreis gleichzeitig. Eines aber war seit Jahrzehnten pendent: Im Kreis 4 gibt es kein Gemeinschaftszentrum. Es gibt eine einzige Grünanlage, die Bäckeranlage, auch die belegt mit vielen jahrzehntealten (Vor-)Urteilen. Meine Versuche, immer mal wieder ein Objekt als Quartierzentrum für den Kreis 4 vorzuschlagen, scheiterten immer, wie ja auch die vorherigen Versuche z.B. das Schulhaus Kanzlei als Treffpunkt für die Quartieraktivitäten frei zu bekommen. Ich offerierte eine Liegenschaft an der Langstrasse, etwa in der Hoffnung, dort mal einen Anfang zu machen, dann das alte Schulhaus an der Badenerstrasse. Beide Bestrebungen riefen sofort helle Proteste hervor.

Die Bäckeranlage war lange Zeit ein sehr gefährdeter Raum. Drogen- und Alkoholszene und, vor allem nachts, eine „freie" Sexszene belasteten. Die Quartierbevölkerung, aber auch Spaziergänger/innen mit Kindern und mit Hunden, reklamierten wegen der Spritzen, der Kondome, der Scherben, die überall herumlagen. Die Polizei konnte die Anlage nicht ununterbrochen bewachen, dann wäre es ja auch keine freie Anlage mehr. Im Stadtrat diskutierten wir die Schliessung der Anlage. Bei mir sträubte sich alles. Es darf doch nicht sein, dass die einzige Grünanlage im Kreis 4 mit einer Bretterwand zugemacht und ohne Alternative verschlossen wird. Wir überlegten hin und her. Schliesslich hatten meine Kollegin aus dem Bauamt und ich die Idee, in der Bäckeranlage selbst ein Quartierzentrum zu bauen. Damit könnte dem lange unerfüllten Anspruch nach einem eigenen Quartierzentrum Rechnung getragen werden und auch die soziale Kontrolle öffentlich und verträglich etabliert werden. Wir errichteten zwar den geforderten Bretterzaun, um mal die unerwünschten Szenen zu vertreiben, informierten die Stakeholder des Quartiers und die Fraktionschefs über das Ansinnen. Wir luden gleichzeitig zu einem Zukunftsworkshop „Quartierhaus

Bäckeranlage" ein. Ein harter Knochen! Wir, Kathrin Martelli und ich, wussten manchmal nicht, in welchem Film wir uns befanden:

- ein Quartierzentrum stört die Schule (und das im Kreis 4)
- ein Quartierzentrum ist eine Einladung an die Drogenszene (und das nach fast zehn Jahren, seitdem es in Zürich keine Drogenszene mehr gibt)
- das Quartierzentrum wird zu einem Zentrum für Ausländer und kein Schweizer wird je dort einen Kaffee trinken
- das Quartierzentrum zerstört die Grünlandschaft und macht den Park (?!) kaputt.

Kathrin Martelli und ich hörten uns die ganze Litanei an. Hartnäckig und erprobt in der Zusammenarbeit suchten wir eine Lösung, die den Kritiken entgegen kam. Die Vorlage war klein, bescheiden und hatte einen Kostenvoranschlag von fünf Millionen Franken. Man glaubt es nicht: im Gemeinderat wurde dieser Betrag als zu hoch (für den Kreis 4) abgelehnt und das nur wenige Wochen, nachdem ein Projekt für ein Quartierzentrum in Zürich Nord für dreissig Millionen fast ohne Gegenstimmen angenommen wurde. Das Phänomen, das wir aus der Einzelfürsorge kennen, gibt es auch im Community Development. Gewisse Dinge dürfen nicht gelingen, weil sie Vorurteile widerlegen und positive Entwicklungen viel zu sehr verunsichern würden. Zum Glück konnten meine Kollegin und ich den Stadtrat überzeugen, dass wir die Vorlage zurückziehen, sie abspecken auf drei Millionen Franken (in Zürich fast der Preis für ein grösseres Einfamilienhaus zu jener Zeit) und wieder ins Parlament bringen. Kathrin versicherte mir, dass damit keine Hütte sondern ein wirkliches Haus möglich ist, wenn auch mit bescheidensten Mitteln. Diese Vorlage – so schien es mir – beschämte dann fast die Heuler aus allen Ecken und kam schliesslich in der Abstimmung durch. Heute steht das Quartierzentrum ganz in der Ecke der

Grünanlage, stört weder das „grüne Landschaftsbild", noch die Schule, ist aber ein ganz wichtiger Ort für viele, Familien, ältere Menschen, Ausländer/innen am Samstagnachmittag aber auch, kontrolliert vom Streetwork, ein Aufenthaltsort für "durch Maschen Fallende". Und dies, ohne dass Angst aufkommt. Die Mitarbeiter/innen des Quartierzentrums sind jeweils mit offenen Augen unterwegs und werden als gute Autorität anerkannt.

Ein besonderes Angebot möchte ich noch erwähnen: Deutsch im Park. Es gibt Frauen aus Herkunftsländern, wo es unüblich ist, dass sie allein in einen Kurs gehen, Deutsch lernen in einem Schulzimmer zum Beispiel. Die Frauen kommen, wie alle Mütter, gern mit ihren Kindern in den Park der Bäckeranlage. So gingen die Sozialpädagoginnen auf sie zu, luden sie an den grossen Holztisch zum Tee und fragten, ob es für sie okay wäre, wenn eine Kollegin den Kindern aus einem Schweizer Bilderbuch Geschichten erzähle? So fanden an einem Tisch Schellenursli und Heidi den Zugang zu Migrationskindern und am andern Tisch wurden Wörter und Sätze geübt wie: ich habe Kopfschmerzen, mein Staubsauger ist kaputt und hüben wie drüben wurde auch viel gelacht. Das war eine gute Form von soziokulturellen Lernen und Zusammenleben.
Jahre später hielt ich dort die Pressekonferenz zu meinem Rücktritt. Auf die Frage, vor allem der Medienleute aus der übrigen Schweiz, welches denn mein grösster Erfolg sei, antwortete ich: der Ort, an dem wir gerade stehen. Sie konnten das nur zum Teil einordnen. Viele meiner Berufskolleginnen und -kollegen können das aber sicher verstehen. Wenn etwas über Jahre ein "no go" ist und sich der Widerstand, real oder fiktiv, ins Extreme kumuliert, sei es in einem Einzelfall, sei es in einem Projekt, braucht es schon besondere Strategien, um dann doch auf eine Lösung zu kommen. Wenn dies gelingt, dann ist man einfach dankbar. So bin ich oft und gern mit meinen Enkelkindern dort und geniesse den Apéro im Quartierzentrum, während die Kinder spielen, viele auslän-

dische Familien picknicken, ein Seminar in den oberen Räumen stattfindet und auch mal die Polizei-Patrouille oder die SIP vorbeigehen. Soziokultur – ja, so habe ich sie mir immer gewünscht.

Ich hatte die einmalige Chance als professionelle Sozialarbeiterin in der grössten Schweizer Stadt zu arbeiten. Es war ein Glücksfall, dass ich so qualifizierte Mitarbeiterinnen und Mitarbeiter hatte. Es war überhaupt nicht selbstverständlich, wirklich eine Ausnahmesituation, dass mich der ganze Stadtrat unterstützte. Ich war die einzige Vertreterin meiner Partei, aber das spielte nie eine Rolle in der Exekutive. Ich konnte all meinen Kolleginnen und Kollegen vertrauen. Was wirklich ein Geschenk war: Sie vertrauten mir und meiner Kompetenz.

Es wird enger
Der aktivierende Sozialstaat war ein Erfolgsmodell, auch nach der Jahrtausendwende. Die Globalisierung mit ihren rasanten Veränderungen der Märkte, die Katastrophe in den USA von „9 /11", der Zusammenbruch der Swissair, später dann der Kollaps der Finanz- und Bankenwelt erschütterten bis in die Grundfesten so vieles, an dem man in Treu und Glauben über Jahrzehnte festgehalten hatte. In der Sozialpolitik begann die Kritik immer heftigere Formen anzunehmen. Nicht mehr das Erreichen der Ziele wurde skeptisch beachtet und gewertet, sondern die Prozesse zur Erreichung der Ziele wurden lächerlich gemacht und verzerrt in der Öffentlichkeit dargestellt.

Blockade
Für die Sozialpolitik wurde es enger. Eine Partei beschloss nichts mehr zu bewilligen, was aus dem Sozialdepartement kommt und hielt das mit drei Ausnahmen (Einmalzulage für die Behinderten und Betagten, Lehrstellen-Akquisition und ein Arbeitsintegrationsprojekt) auch durch. Später folgte dann auf der nationalen Ebene der Entscheid einer weiteren

Partei, keinen weiteren Ausbau des Sozialversicherungssystems mitzutragen.

In der Stadt Zürich war aber noch immer eine Mehrheit in Bevölkerung und Parlament sehr froh, dass die Stadt wieder "in" war, als attraktiv und sicher galt und die Dramatik der Drogenszene vergessen ging. Der Stadtrat beschloss 10'000 neue Wohnungen zu bauen, was selbstverständlich auch bedeutete: Gemeinschaftsräume, Kindertagesstätten, Schulhäuser, attraktive Grünanlagen mit zu „bestellen".

Es gab oft harte Verhandlungen, doch der Beweis, dass Wohnungen, mit unmittelbar in der Nähe befindlichen Kindertagesstätten, attraktiv sind für Mieter/innen – auch mit langjährigen Mietverhältnissen – vermochte mehrheitlich zu überzeugen. Ich konnte dank einer Studie, die darlegte, dass jeder Franken, der in die Kinderbetreuung investiert wurde, vierfach zurückkommt[8], trotz aller Sparpakete die Krippenprojekte durchbringen. Das machte die Stadt Zürich für junge Familien auch wieder attraktiv. Deutlich wurde auch, dass fremdsprachige Kinder, die in Tagesstätten im Vorschulalter betreut werden, die deutsche Sprache buchstäblich „spielend" lernen und einfacher in die Schule integriert werden können. Für Familien, die so quasi global unterwegs sind, gibt es zunehmend auch Betreuungsplätze, wo Englisch gesprochen wird. Diese Kinder gehen anschliessend in der Regel auch in die International School. Man konnte nach der Jahrtausendwende wirklich überzeugend sagen, es hat genügend Betreuungsplätze. Natürlich musste weiter gearbeitet werden: am Finanzierungsmodell, mehr Säuglingsplätze, die Frage der Betreuungsschlüssel, wie viele private, wie viele staatliche, wie viele subventionierte Plätze usw. Aber der Grundbedarf ist gedeckt. Das ist – wie wir wissen – ein Standortvorteil, wie ihn viele Städte nicht kennen, heute aber, gerade auch von internationalen Firmen verlangt wird. Auch hier scheint sich die Pionierarbeit gelohnt zu haben.

[8] "Volkswirtschaftlicher Nutzen von Kindertagesstätten" Büro BASS im Auftrag des Sozialdepartements der Stadt Zürich

TEIL 3

MISSBRAUCHSDEBATTE UND IHRE FOLGEN –
ZUSAMMENARBEIT MIT DEN MEDIEN

DIE KAMPAGNE

Es gab die Kampagne um die Scheinasylanten, dann um die Scheininvaliden und für mich war klar, in der Strategie gegen den Sozialstaat würde der nächste Schritt sein, demnächst eine Kampagne gegen die Sozialhilfe zu starten. Ich war darauf gefasst, dass es Zürich besonders hart treffen wird, war doch unsere Stadt ein Vorzeigemodell, in einen wie im andern Sinn, und ich selbst war exponiert.

Eine Vorwarnung war schon, vor den Wahlen 2006, die Berichterstattungen zum sogenannten Hotelfall. Eine Familie mit drei kleinen Kindern im Vorschulalter, die Mutter hochschwanger, wurde von unseren Streetworkern in einem kaum beheizbaren Wohnwagen aufgefunden. Sie wurden in e i n Zimmer in eine Billigpension im Zürcher Niederdorf einquartiert. Die Alternative, die Kinder in Kinderheime, die Mutter in die Maternité und den Vater in einer Pension zu platzieren, verwarfen wir aus fachlichen Gründen. Die Kultur der Fahrenden litt schon über Jahrzehnte unter dem Auseinanderreissen von Familien. Das wollten wir nicht wiederholen. Der Begriff Hotel assoziiert natürlich Luxus und Zimmerservice und empörte. Die Kosten für diese Familie, die übrigens vorerst gemäss Gesetz über die wohnörtliche Unterstützung von ihrem Heimatkanton übernommen wurden, waren fünf Mal tiefer, als wenn wir die professionellen Einrichtungen für die Platzierungen genutzt hätten. Das aber hätte keinen Skandal gegeben. Der Hotelfallskandal verblasste in Zürich trotz Wahlen schnell wieder.

Ich hatte in allen Wahlen immer Akzeptanz und Kritik aus allen Richtungen. Vielleicht ist das ein besonderes Merkmal für Exekutivfrauen. Sie können es sicher nie allen recht machen.

Neckisch waren so besondere Ergebnisse, wie seinerzeit viele Stimmen auf der Liste der Autopartei für die Nationalratswahlen. Das waren ganz einfach Menschen, mit denen ich beruflich zu tun hatte.

Da bei den Wahlen 2006 für mich eine grosse Unterstützung aus allen Bevölkerungskreisen sichtbar wurde, war es klar: Jetzt war der Erfolg nach so vielen Kämpfen und Anschuldigungen zu gross. Da ich aber aus Altersgründen meinen Rücktritt auf Mitte der Legislatur, 2008 – ich wurde 60 – geplant hatte, machte ich mir keine allzu grossen Sorgen. Es galt so lange durchzuhalten, die Kultur der Reformen zu stabilisieren und die noch anstehenden Vorlagen so weit voran zu bringen, dass meine Nachfolgerin oder mein Nachfolger ein „aufgeräumtes Departement" übernehmen konnte. Ich freute mich auch über die Aussicht, dass voraussichtlich mein Sitz im Stadtrat von einer Frau, Ruth Genner, besetzt werden könnte und dass deren Nachfolgerin im Nationalrat, ebenfalls eine engagierte Frau, Katharina Prelicz, sein würde. Meine Nachfolge – soweit ich sie planen konnte – entsprach also meinen Zielen.

Kurz nach den Wahlen ging es los: die Boulevardzeitung informierte über ein Foltercamp in Spanien, in das Jugendliche vom Sozialamt der Stadt Zürich platziert und völlig unverhältnismässig drangsaliert wurden. Die Auslandplatzierungen erfolgten auf Grund der Liste des kantonalen Jugendamts über eine private "time out"-Firma. Die Jugendlichen – so stellte sich später heraus – hatten die Horrorgeschichten selbstverständlich so aufgebauscht, dass sie bei ihrem „Ausbruch" aus dem Camp, ungestraft blieben. Dennoch war es für mich selbstverständlich, dass ich alle von dieser Firma erfolgten Platzierungen durch Fachleute überprüfen liess, um jedes Risiko auszuschalten.

Als sich dann der Campleiter auch noch als Sozialhilfebezüger outete, machte das den Skandal noch perfekter. Auch wenn er alle Informationen und Angaben korrekt ablieferte und immer wieder zur Überprüfung antrat, war diese Tatsache natürlich unentschuldbar.

Der Journalist eines Wochenmagazins, der sich „des Falls" annahm, führte dann die Kampagne weiter. Fast wöchentlich – ab Februar 2007 – wurden Fälle dargestellt, z.T. mit Aktenauszügen, z.T. als „Erzählung", sodass schnell klar wurde, irgendjemand aus den Sozialen Diensten gibt diese Akten an das Magazin. Wir mussten – gemäss Gesetz – bei der Staatsanwaltschaft Klage gegen Unbekannt einreichen. Die Missbrauchskampagne war beidseitig lanciert und kam auf Touren. Den Höhepunkt erreichte sie, als bei der Medienkonferenz der Sozialbehörde der Journalist auftrat und meldete, das Sozialamt habe einen BMW bezahlt, der am 1. Mai angezündet worden sei (von wem? Und warum dieser?). Der BMW-Fall ist der wohl inzwischen am meisten untersuchte Fall der Sozialhilfe. Auch wenn es natürlich klar ist, dass das Sozialamt nicht für einen BMW bezahlt hatte, wird dieser Fall immer wieder aufgeführt, um den Missbrauch in der Sozialhilfe zu dokumentieren.

Ich bin inzwischen überzeugt, dass bei meinem Ableben die grosse Tageszeitung und die Boulevardpresse den brennenden BMW zeigen werden.

In diese Zeit fiel die an mich gerichtete Drohung, man habe eine klare Strategie, um die Sozialhilfe und mich fertig zu machen.

Es war nicht einfach, die Mitarbeiter/innen in der Sozialhilfe aufzufordern, weiterhin professionell und korrekt ihre Arbeit zu leisten. Ich tat das mit einem Rundschreiben. Im Untersuchungsbericht der parlamentarischen Kommission wurde dieses Rundschreiben dann als Versuch zur Einflussnahme im Sinn von „Nehmt das nicht ernst" dargestellt. Das Gegenteil war natürlich der Fall: Meine Bitte war "Nehmt das ernst aber macht die professionelle Arbeit korrekt weiter". Führungsleute verstehen, wie schwer eine solche total verunsichernde Situation für einen ganzen Betrieb zu ertragen ist. Je mehr Fälle erschienen, desto sicherer war es, dass die Amtsgeheimnisverletzung ziemlich „im Zentrum" angesiedelt war. Das bestätigte sich ja dann auch. Dass es über ein halbes Jahr dauerte bis die Staatsanwaltschaft den Verdacht ernst nahm und eine Untersuchung einleitete, verlangte für alle in der Sozialhilfe Tätigen gute Nerven.

Die Geschäftsprüfungskommission des Gemeinderats untersuchte in minutiöser Arbeit alle „Skandalfälle". Dazu standen ihnen – ausserordentlich – alle Akten zu den Fällen zur Verfügung. Der Bericht kam zum Schluss, dass die Fälle korrekt abgewickelt wurden und dass das Ermessen, das in jedem Einzelfall liegt, nicht überstrapaziert worden sei. Die eine Tageszeitung in Zürich titelte darauf: Gute Noten für Stockers Sozialamt, die andere: Sozialhilfe besser als ihr Ruf. Es gab aber kein Aufatmen. Sogleich lancierte das Wochenmagazin die nächste Stufe der Kampagne und veröffentlichte ein Interview mit den zwei Mitarbeiterinnen, die die Akten an das Wochenmagazin geliefert hatten.

Darin wurde die Behauptung aufgestellt, 80% der Fälle würden fehlerhaft geführt. Ich konnte das nicht stehen lassen und habe je eine erfahrene Fachkraft aus Luzern und aus Dietikon gebeten, sich für ein paar Tage frei zu machen und alle Fälle, die in die von der Mitarbeiterin erwähnten Zeitraum fallen, minutiös zu prüfen. Fazit: in 11% der Fälle gab es administrative Mängel: Das neueste Scheidungsurteil ist nicht eingescannt, die neue Krankenkassenpolice fehlt... aber keine inhaltlichen Fehler mit finanziell gravierenden Folgen.

Trotzdem eskalierte die Berichterstattung in allen Medien: die beiden Frauen seien Whistleblowerinnen, wurden als Heldinnen gefeiert. Nachdem der Staatsanwalt die Untersuchung eingeleitet hatte, hiess es dann, man habe die beiden Frauen wie Verbrecherinnen abgeführt und fristlos entlassen. Tatsächlich bat ich den Staatsanwalt, diskret vorzugehen, hatte ein Sitzungszimmer zur Verfügung gestellt und einen aussen stehenden Juristen, mit Schwerpunkt Personalrecht, gebeten, den beiden Frauen, auf Kosten der Stadt, in rechtlichen Fragen zur Verfügung zu stehen. Zudem galt die Unschuldvermutung und die Frauen wurden bei vollem Lohn freigestellt, da ja weder ihnen noch dem Amt eine weitere Zusammenarbeit zugemutet werden konnte.

Eine der beiden Frauen war mir nicht bekannt. Sie arbeitete mit einem kleinen Teilzeit-Pensum in der Abteilung Controlling. Die andere kannte ich sehr gut. Ich hatte während mehrerer Wochen mit ihr viel Kontakt, als sie im Change-Projekt mitarbeitete. Ich traf sie auch regelmässig im Amtshaus, im Lift, wir tauschten Wochenend- und Ferienerlebnisse aus, ein normaler Kontakt. Ihr Mail „Wenn ich dich nicht hätte, Monika" stand dann ziemlich im Gegensatz zur Aussage im Fernsehen: „Mit Monika Stocker könne kein Mensch reden und sie sei völlig unzugänglich". Aber das gehörte zur Kampagne.

Selbstverständlich durfte ich zu den Behauptungen der beiden Mitarbeiterinnen keine näheren Aussagen machen, auch heute noch nicht. Nach geltendem Recht steht eine Arbeitgeberin unter Schweigepflicht, auch nach der Pensionierung, und niemand darf aus Personaldossiers zitieren. Das ist für mich selbstverständlich, obwohl viele amtsinterne Mitarbeitende das nicht verstehen konnten und mir vorwarfen, ich trage mit meinem Schweigen zur Schädigung der Sozialhilfe bei.

Bekämpfung des Missbrauchs in der Sozialhilfe
Die Frage des Missbrauchs in der Sozialhilfe ist so alt wie der Beruf der Sozialarbeiterin, des Sozialarbeiters. Dabei waren verschiedenste „Wellen" zu beobachten. Einen Höhepunkt gab es sicher in den 80er Jahren. Auf nationaler Ebene war es die Hochsaison von Fichierung und Diskriminierung von politisch kritischen Menschen. Auch in der Stadt Zürich war

man beschämt. Denn bis dahin hatte im Sozialamt der Stadt Zürich ein Erkundigungsdienst, mit am Schluss sechzehn Mitarbeiter/innen, im rechtsfreien Raum funktioniert. Bei meinem Amtsantritt 1994 musste ich noch die letzten beiden Mitarbeiter des Erkundigungsdienstes, der natürlich aufgelöst wurde, in eine andere Dienststelle versetzen.

Veränderte Lage
Allerdings machten sich die Mitglieder der Sozialbehörde zunehmend Sorgen, wie sie ihrer Aufsichtspflicht gerecht werden können. Es zeigte sich, dass es vor allem Menschen aus gewissen Herkunftsländern waren, die den Staat als wenig verbindliche Instanz betrachteten, mindestens als eine, von der man holen muss, was man kann. Auch die Mitarbeiter/innen beklagten sich, dass die Vertreter (meistens Männer) gewisser Kulturen sehr arrogant und autoritär auftreten. Es kam auch zu Bedrohungen, einmal sogar zu einer Messerattacke. Wir verstärkten die Sicherheitsvorkehrungen. Dabei arbeiteten wir eng mit der Stadtpolizei zusammen.

Für die Legislatur 2006 - 2010 wurde deshalb in der Sozialbehörde der Schwerpunkt Missbrauchsbekämpfung gesetzt. In der Sonntagspresse hatte je ein Exponent der rechten wie der linken Behördenseite die Schaffung von Sozialdetektiven gefordert ohne zu erwähnen, dass das ein geplanter Schwerpunkt in der Legislatur war. So schien es – ganz im Sinn der angeheizten Stimmung – dass man Sozialdetektive gegen den Willen der Vorsteherin schaffen müsse. Dass der Ruf aus der Sozialbehörde kam, die doch selbst in erster Linie in der Pflicht der Kontrolle stand, war richtig. Es zeigte sich, dass gemäss ihrer Einschätzung die Kontrolle unzureichend, resp. die Mittel, die ihnen zur Verfügung standen, ergänzt werden mussten.

Ich hielt am Ziel fest: die Schaffung einer zusätzlichen Kontrollbehörde muss praktikabel und rechtsstaatlich korrekt sein. Alle andern Formen kamen für mich wirklich nicht in Frage, weder aus professioneller noch aus politischer Sicht. Bei der Erneuerungswahl der Sozialbehörde im Sommer 2006 wurde eine Arbeitsgruppe konstituiert, die sich den Fragen zur Verstärkung der Kontrolle annehmen sollte. Gleichzeitig beauftragte ich einen externen Fachmann, Hans Hess, den ich im Verfassungsrat kennen und schätzen gelernt hatte, uns einen Bericht zu erstellen, wie andere Städte und Gemeinden im In- und Ausland mit diesen Fragen umgehen. Der Bericht war zu meinen Händen zu erstellen und nicht für die Öffentlichkeit bestimmt. Das heisst, die Befragten konnten offen und ungeschminkt ihre Erfahrungen und Bedenken formulieren. Das führte ganz im Sinn der Kampagne zur Unterstellung, es gebe in meinem Pult einen Geheimbericht. Die Arbeit der Arbeitsgruppe der Sozialbehörde und die Erkenntnisse aus dem „Bericht Hess" führten zum Entscheid, dass die Sozialbehörde auf Sozialinspektoren zurückgreifen sollte, falls der Verdacht des Missbrauchs besteht.

Am 14. September 2006 verabschiedete der Stadtrat die Weisung 37 zur Schaffung eines Sozialinspektorats. Am 24. Januar 2007 stimmte das Parlament, der Gemeinderat mit 91 zu 4 Stimmen bei einigen Enthaltungen der Weisung 37 zu. Am 1. Juli 2007 nahmen die ersten Sozialinspektoren die Arbeit auf.

Das hinderte die Kampagnenführer und viele Medienschaffenden nicht, ab Februar 2007 die Fallberichte im Wochenmagazin und die beiden Mitarbeiterinnen als den eigentlichen Auslöser für das Inspektorat zu nennen und bis heute immer wieder zu wiederholen.

Rechtmässigkeit
Mit der Vorlage für ein Sozialinspektorat kam bei Einigen die ungute Erinnerung an die Erkundigungsdienste der Stadt in den 70er und 80er Jahren wieder hoch. Für Andere war das

ein zu wenig greifendes Mittel. Ich bestand darauf, dass die Vorlage im Parlament behandelt und beschlossen werden muss. Das zeigte sich viele Jahre später denn auch als richtig, als der europäische Gerichtshof solche Ermittlungen als unrechtmässig einstufte. Immerhin war der Entscheid in der Stadt Zürich durch die Legislative erfolgt.

Drei Rahmenbedingungen waren für mich unerlässlich:
- die Klientinnen und Klienten werden informiert, dass im Verdachtsfall ein Inspektorat ihre Situation überprüfen kann

- dass es die Behörde ist, die den Antrag auf zusätzlichen Einsatz von Inspektoren beurteilt und bewilligt

- dass eine ämterübergreifende Information diskret aber konsequent zu erfolgen hat und nicht zufällig und quasi nebenbei

Damit hat die Stadt Zürich – so wie ich höre – bis heute gute Erfahrungen gesammelt und sich rechtsstaatlich korrekt verhalten.

Berufliche Schweigepflicht – Amtsgeheimnis – Whistleblowing

Im Rahmen der Kampagne und danach spielten die Fragen um das Amtsgeheimnis und die berufliche Schweigepflicht eine grosse Rolle. Die Schweigepflicht wurde oft in Gegensatz zum Whistleblowing gesetzt, was natürlich falsch ist. Es braucht beide Institutionen.

Bis zu der Kampagne war klar: Artikel 320 des schweizerischen Strafgesetzbuches gilt und ist verbindlich für die Mitarbeiterinnen und Mitarbeiter des Sozialdepartements der Stadt Zürich. Wer im Amt angestellt wird, unterschreibt einen Revers, dass man um diese Bestimmung weiss und sich daran hält.

Art. 320
Verletzung des Amtsgeheimnisses
1. Wer ein Geheimnis offenbart, das ihm in seiner Eigenschaft als Mitglied einer Behörde oder als Beamter anvertraut worden ist, oder das er in seiner amtlichen oder dienstlichen Stellung wahrgenommen hat, wird mit Freiheitsstrafe bis zu drei Jahren oder Geldstrafe bestraft.

Die Verletzung des Amtsgeheimnisses ist auch nach Beendigung des amtlichen oder dienstlichen Verhältnisses strafbar.

2. Der Täter ist nicht strafbar, wenn er das Geheimnis mit schriftlicher Einwilligung seiner vorgesetzten Behörde geoffenbart hat.

Ebenso ist es gemäss Berufskodex der Sozialarbeiterinnen und Sozialarbeiter klar, dass sie wie andere Fachleute in den so genannten helfenden, anwaltschaftlichen Berufen an ein Berufsgeheimnis gebunden sind. Alles, was sie via ihren Beruf erfahren, steht unter der beruflichen Schweigepflicht.

Art. 321
Verletzung des Berufsgeheimnisses
1. Geistliche, Rechtsanwälte, Verteidiger, Notare, Patentanwälte, nach Obligationenrecht zur Verschwiegenheit verpflichtete Revisoren, Ärzte, Zahnärzte, Apotheker, Hebammen sowie ihre Hilfspersonen, die ein Geheimnis offenbaren, das ihnen infolge ihres Berufes anvertraut worden ist oder das sie in dessen Ausübung wahrgenommen haben, werden, auf Antrag, mit Freiheitsstrafe bis zu drei Jahren oder Geldstrafe bestraft.
Ebenso werden Studierende bestraft, die ein Geheimnis offenbaren, das sie bei ihrem Studium wahrnehmen. Die Verletzung des Berufsgeheimnisses ist auch nach Beendi-

gung der Berufsausübung oder der Studien strafbar.

2. Der Täter ist nicht strafbar, wenn er das Geheimnis auf Grund einer Einwilligung des Berechtigten oder einer auf Gesuch des Täters erteilten schriftlichen Bewilligung der vorgesetzten Behörde oder Aufsichtsbehörde offenbart hat.

3. Vorbehalten bleiben die eidgenössischen und kantonalen Bestimmungen über die Zeugnispflicht und über die Auskunftspflicht gegenüber einer Behörde.

Das Amtsgeheimnis resp. seine Verletzung gilt als Offizialdelikt, d.h. wer Kenntnis von einer Verletzung hat, ist verpflichtet, Anzeige zu erstatten. Damit ist das Amtsgeheimnis sehr hoch eingestuft. Ich finde mit Recht. Wer zu einem Amt kommt, kommen muss, soll die Gewissheit haben, dass seine Daten, seine Lebensgeschichte, seine finanziellen Verhältnisse, sein Gesundheitszustand vertraulich behandelt werden. Selbstverständlich existieren auch kantonale Weisungen im Rahmen der Amtshilfe, die das strikte Amtsgeheimnis, die strikte berufliche Schweigepflicht für klar definierte Situationen durchbrechen lassen. Wie diese zu definieren sind, ist nach dem Outing der beiden Mitarbeiterinnen heftig kritisiert worden. Ich kann mir vorstellen, dass es in den nächsten Jahren dazu viele Arbeiten und auch Gerichtsentscheide geben wird. Das zu verfolgen ist auch für unsere Profession unerlässlich.

Eine Mitarbeiterin machte auf Grund von Drohungen, „dass jetzt dann eine weitere Bombe platze", schliesslich eine Aussage beim Staatsanwalt. Dadurch waren die betroffenen Mitarbeiterinnen als mögliche Überbringerinnen von Fallakten verdächtigt. Selbstverständlich waren bei der Beschlagnahmung der Computer dann alle entsprechenden Daten gelöscht. Allerdings ist es ja heute technisch möglich, die gelöschten Daten wieder sichtbar zu machen. Fast ein halbes Jahr später, nach einer Zuschrift des Obergerichts, in dem bestätigt wurde, dass mehrmalige schwere Amtsgeheimnisverletzung vorliege, wurde die Kündigung – wie im Personalrecht vorgesehen – ausgesprochen. Beide Frauen fanden sehr rasch eine Stelle, eine Frau in einer Stiftung, die andere bei einem Sozialdienst im Kanton Bern.

Whistleblowing
Das Thema Whistleblowing kam in den letzten Jahren in vielfältiger Form ins Gespräch.

Whistleblowing halte ich für ein ganz wichtiges Instrument. Es ist wohl auch bezeichnend, dass in letzter Zeit dieses Wort häufiger gebraucht wird, um geheime Daten an die Öffentlichkeit zu bringen, wenn „höhere Werte" das verlangen. Über diese „höheren Werte" kann man natürlich streiten. Ich will keine juristische Einschätzung vornehmen, Whistleblowing, das habe ich auch im Ethikstudium kennen gelernt, ist immer ultima Ratio.

Die beiden Frauen wurden für den Prix Courage der Zeitschrift „Beobachter" vorgeschlagen. Sie wurden „für ihren Mut" ausgezeichnet. Es war eine Publikumswahl. Und paradoxerweise fieberte ich mit. Ich meine, wer Menschen in eine solche Situation bringt, ist auch dafür verantwortlich, dass sie dann nicht blossgestellt werden. Meine Abneigung gegen die Instrumentalisierung von Menschen, wofür auch immer, ist grundsätzlich.

Die Sozialarbeit als Profession muss die Debatte zum Thema Whistleblowing weiterverfolgen. Was heisst „höhere Werte" in einem Rechtsstaat? Wie ist das einzuordnen gegenüber den demokratisch legitimierten Kontrollorganen, also den Behörden? Was bedeutet es, wenn man überzeugt ist, dass alle Instanzen „versagt" haben, resp. „unter einer Decke stecken"? Im Sozialdepartement heisst das: die Referentinnen und Referenten der Geschäftsprüfungskommission, der Rechnungsprüfungskommission, Referentinnen und Referenten der Sozialbehörde, Mitarbeiterinnen und Mitarbeiter der Finanzkontrolle, Revisoren des kantonalen Sozialamtes, der Bezirksrat und – im Zusammenhang mit der besonderen Untersuchung – die Mitglieder der Geschäftsprüfungskommission.

Mich überraschte immer wieder, dass kein Journalist, kein Medium Fragen in diesem Zusammenhang stellte. Nur der eidgenössische Datenschutzbeauftragte äusserte sich kritisch dahin gehend, dass Whistleblowing und Rechtsstaat nicht vorschnell sondern korrekt in einen Zusammenhang gebracht werden sollen.

Ich bat den Stadtrat, nach dem Entscheid des Bezirksgerichts, den Fall doch an die nächste Instanz weiter zu ziehen, um die Frage des Stellenwerts des Amtsgeheimnisses umfassend zu klären. Ich hoffte, dass das Obergericht begründen würde, was für die Praxis der Sozialhilfe wichtig ist. Und so war es denn auch.

Zwei Nationalräte zogen den Entscheid dann noch weiter ans Bundesgericht. Sie hatten auch eine Motion eingereicht, um einen besseren Schutz der Whistleblower in unserem Strafrecht zu erreichen. Warum sie die legislatorische Arbeit mit der juristischen des Bundesgerichts verknüpften, weiss ich nicht.

Das Bundesgericht hielt dann im Dezember 2011 unmissverständlich fest, dass es sich um Amtsgeheimnisverletzung handelt und kein Whistleblowing vorliegt. In der Begründung des Bundesgerichts wurde auch eine korrekte Chronologie der Ereignisse aufgelistet. Einige Monate nach dem Bundesgerichtsurteil bat ich den Juristen, der die Stadt Zürich vertreten hat, um ein Gespräch, eine Art Debriefing. Seine lakonische Zusammenfassung: Sie haben es richtig gemacht, Sie konnten nicht mehr tun, es war unmöglich.

Wie bei öffentlichen Kampagnen üblich, bleibt das hängen, was eben die Kampagne beflügelt: Nicht die Fakten sondern die Legenden. So werden die beiden Frauen noch heute immer wieder in den Medien zum Thema Whistleblowing beigezogen. Mir tut das für sie immer leid. Ich bedaure diese fixe Zuschreibung. Arbeitgeber werden sie kaum mit dieser Etikettierung anstellen wollen.

Ich nehme an, dass wir noch viele ähnliche Debatten in den nächsten Jahren erleben werden. Das Dilemma besteht tatsächlich: Einerseits will das Amtsgeheimnis die Rechte von Abhängigen schützen. Ich meine, das muss oberstes Gebot bleiben und ist vor allem für Berufe, die viel Einblick in die persönlichen Verhältnisse von Menschen haben, unerlässlich. Andererseits muss jeder Mensch die Freiheit haben, Meldung über Unrecht zu machen, wenn er Kenntnis davon erhält. Ob da eine zusätzliche Stelle, so quasi eine Anlaufstelle für Whistleblower eine Lösung ist, wird sich zeigen. Sie ist politisch auf der Traktandenliste. Fehlt aber das Vertrauen auch in eine solche Stelle, so nützt diese natürlich ebenso wenig, wie die Aufsichtsorgane oder etwa die Ombudsstellen, die es ja schon gibt.

Wie überlebt man eine Kampagne?
Diese Frage wurde mir immer wieder gestellt. Junge Frauen, die ich ermutigen wollte, in die Politik zu gehen, sagten mir, sie könnten das nie, gerade weil sie meine Geschichte mitverfolgt haben. Ich versuchte immer wieder zu bestätigen:

MAN KANN ÜBERLEBEN UND SOGAR GESTÄRKT.

Erschöpfung – eine Gefahr?
Nicht erst durch die Kampagne, auch durch das ganze Pen-

sum im „Normalbetrieb", zu Beginn meiner Amtstätigkeit und in den umfassenden Projekten kam ich an die Grenze meiner Belastbarkeit. Auf die muss jeder aktive Mensch achten und wenn die Grenzen erreicht sind, auch dazu stehen.

So war es im Jahr 2000. Ich war sechs Jahre im Amt und hatte mit der Auflösung der Drogenszene und dem Projekt Soziokultur zwei grosse Brocken gestemmt. Ich war ziemlich erschöpft. Wie immer im Berufsalltag, laufen die „besonderen Themen" neben dem ordentlichen Tagesgeschäft. Der Alltag war mit der Sozialhilfe, der Asylthematik des Balkankriegs und mit dem immer deutlicher werdenden Umbruch in den städtischen Wirtschaftsstrukturen schon anforderungsreich genug. So bat ich den Stadtrat im Sommer 2000 um eine zweimonatige Auszeit, nicht bevor ich meine Stellvertreterin, Monika Weber, angefragt hatte, ob ich mit ihrer Unterstützung rechnen dürfe. Die Auszeit wurde mir gewährt und ich zog mich mit vielen Büchern – endlich auch mal wieder die Fachliteratur nachlesen – und mit meinem Computer aus der Öffentlichkeit zurück. Die Gerüchteküche lief natürlich auf Hochtouren: ich hätte ein Alkoholproblem, ich würde eine Schönheitsoperation machen lassen, ich sei in Scheidung...

Wie immer, wenn die oder der CEO in einem Unternehmen eine gewisse Zeit nicht anwesend ist, gibt es ein Machtvakuum. Das war im Sozialdepartement nicht anders.

Der eine oder die Andere benutzte meine Abwesenheit auf Retro zu machen, die Reformprojekte zu boykottieren, schlecht zu machen oder nach aussen mal dieses mal jenes Gerücht zu streuen. Nach meiner Rückkehr musste ich mit neuem Schwung in meine „Führungsschuhe" stehen, was mir gut gelang.

Gleich zu Beginn meiner Exekutivtätigkeit hatte ich für mich ein begleitendes Coaching organisiert. Mir war klar, dass ich

Führungsfragen, auch heikle Fragen zum Stadtratskollegium nicht mit meinen Mitarbeiterinnen und Mitarbeitern besprechen kann. Das könnte sie eventuell in einen Loyalitätskonflikt bringen. Führen ist ein eigener „Beruf", ein eher einsamer dazu. Mit dem Coaching erhielt ich die Chance mindestens zweimonatlich anstehende Fragen mit einer Fachfrau in Kommunikation und Systemischer Organisationsberatung zu besprechen. Sie stellte kritische Fragen, verlangte Alternativen, „zwang" mich auch, „die andere Seite" in die Betrachtung einzubeziehen. Das tat mir gut, befreite und bewahrte mich vor zu schnellen Urteilen und Vorurteilen.

In der dritten Legislatur schloss ich mich einer Peergroup von Führungsleuten an: CEOs von Banken und Versicherungen, Unternehmer eines kleinen und eines mittelgrossen Unternehmens, Chefin eines Bundesamtes. Wir trafen uns ca. alle zwei Monate am Samstag mit einer Fachfrau, manchmal Samstag/Sonntag, um unsere Rolle zu überdenken, Erfahrungen auszutauschen und Probleme zu debattieren. Ich konnte enorm viel profitieren und was mich besonders freute, auch die andern waren überrascht und begeistert zu hören, wie so ein Sozialdepartement im Veränderungsprozess funktioniert und wie ein öffentlicher Betrieb sich wandelt. Auch wenn diese Zeit auf Kosten der Freizeit ging, waren diese Sitzungen erfrischend, stärkend und ich ging jeweils mit Elan in meine Arbeit zurück.

Mitten in der Kampagne gab es keine Möglichkeit für Rückzug. Da galt es durchzuhalten. Da ich aber mit meiner Familie und mit zwei Exponenten der Partei meinen Rücktritt auf Mitte Legislatur vereinbart hatte, glaubte ich, diese harte Durststrecke sei wirklich zu schaffen.

DIE KAMPAGNE VERÄNDERT ALLES
Ich habe keine Mühe mit Menschen, die eine andere Meinung haben; ich bin bereit für Debatten, auch fürs Streiten und

bin interessiert an Argumenten. Auch wenn jemand sagt: für mich gibt zwei und zwei einfach fünf, dann kann ich notfalls damit leben. Wo ich ungeduldig und irritiert reagiere, ist die Situation, wo – und das gab es in der Kampagne – jemand sagt: jaja, 2 und 2 gibt 4 aber ich sage jetzt halt, es gibt doch 5. Das ist einfacher so. Dann verliere ich den Boden unter meinen Füssen.

Am schlimmsten während der zweijährigen Kampagne war, dass der Alltag echolos wurde. Auf einmal verstummten Menschen, die zuvor neben mir gestanden sind, andere verschwanden „in die Büsche". Feige oder mutig sind falsche Worte, finde ich. Im Zusammenhang mit Politik stimmen für mich wohl eher Worte wie Überangepasstheit, Opportunismus, manchmal „Herdenverhalten".

Jeder der so genannten Skandalfälle hatte einen Referenten oder eine Referentin der Sozialbehörde. Keine und keiner stand hin und sagte: ich kenne den Fall im Detail. Der Sachverhalt ist anders. Die Behörde trat fast nicht mehr in Erscheinung. Kämpferische Sozialpolitikerinnen und - politiker, die mich immer drängten, doch endlich mehr und anders zu handeln, verschwanden vom Erdboden. Wie beim sogenannten Spanienfall: da waren fünf Schweizer Jugendliche untergebracht, drei davon wohnhaft in Zürich und die anderen aus zwei weiteren Gemeinden des Kantons. Die Einrichtung, in der die Jugendlichen untergebracht waren, stand auf der Liste des kantonalen Jugendamts. Der Sozialvorsteher resp. die Sozialvorsteherin der beiden andern Gemeinden beknieten mich, nur ja nicht zu sagen, dass auch von ihnen Jugendliche in dem Camp platziert wurden. Ich schwieg, es fragte auch kein Journalist danach.

Die Situation war sehr belastend und auch schlimm für meine Familie. Mein Mann war unendlich wütend. Immer wieder meinte er: Du bist jahrelang für alle hingestanden und dann sind sie feige weggegangen oder haben gar Öl ins Feuer gegossen.

Die Sozialarbeitsprofession?

Unter dem zunehmenden Druck erstaunte mich dann immer häufiger, dass auch Fachleute, wider besseren Wissens argumentierten, resp. die Mehrheit hatte nicht argumentiert, sondern sie lief einfach mit. Die Professionalität der Sozialarbeit hat immer auch die dritte Dimension zu beachten. Sie kann weder mit den Klientinnen und Klienten und deren Forderungen, noch mit der Gesellschaft und ihren Trends unreflektiert mitlaufen. Die Sozialarbeit muss ihre fachliche und ethische Reflexion mit einbeziehen. So war es klar: Armutsbetroffene – aus welchen Gründen auch immer sie in diese Situation hineingeraten sind – dürfen nicht instrumentalisiert werden, weder für „meine" Zwecke noch für die von Dritten. Genau da aber setzte die Kampagne an: Sie veröffentlichte authentische Fälle, bearbeitete sie so zurecht, dass für jeden die Empörung selbstverständlich war.

Ich persönlich fühlte mich, besonders in dieser Zeit, vor allem meiner Profession verpflichtet. Ich bin eine Sozialarbeiterin, auch als Politikerin bin ich das. Das war nicht etwa besonders mutig nur einfach konsequent. Es entspricht meinem professionellen Selbstverständnis.

Natürlich gab es Dutzende von schlaflosen Nächten, bei denen ich in Gedanken durchspielte: Was wäre geschehen, wenn ich „mitgemacht" hätte?

Ein wesentlicher Teil jeder Kampagne ist der "double bind". Steigt der oder die Betroffene in die thematische Kampagne ein, so hängt man mit drin und kommt nie mehr aus der Befehdung heraus. Stellt sich die Person dagegen, resp. nimmt sie das Thema nicht so auf, wie es die Kampagne braucht, so ist sie als überheblich, verweigernd, ignorant usw. gebrandmarkt. Wer erklärt, argumentiert, steht im Verdacht, sich nur zu rechtfertigen. Wer schweigt oder weitere nutzlose Debatten ablehnt, der ist sofort dem Vorwurf der Feigheit, des „Abtauchens", ausgesetzt. Ich war ja durch die sozialen Bewegungen von 1968 auch vertraut mit dem Kampagnen-Journalismus.

Mein Fazit ist ernüchternd und unspektakulär: Ich konnte nicht anders, es hätte für mich keine andere Strategie gegeben, die ich hätte verfolgen können. Ich war einfach treu zu dem, was ich glaube. Das ist natürlich – wie mir noch heute einzelne Kolleginnen und Kollegen sagen – naiv. Ich meine aber, es ist professionell.

Erfolg der Kampagne
Die Kampagne zum Sozialhilfemissbrauch, wie sie 2005 mit dem Hotelfall, 2006 mit dem Spanienfall und dann gezielt mit veröffentlichten Einzelfällen ab 2007 lanciert wurde, beschreibe ich hier nicht detaillierter. Sie wurde in allen Medien breit debattiert, die Fakten und die Legenden sind so durcheinander gemischt, dass es keine Chance gibt, sie der Realität entsprechend wiederzugeben, schon gar nicht von mir. Die Berichte der Geschäftsprüfungskommission des Parlaments, die Berichte der vom Stadtrat ernannten externen und internen Fachleute, die Gerichtsentscheide des Bezirksgerichts, des Obergerichts und Bundesgerichts sind für Interessierte zugänglich.

Die Initianten der Kampagne erreichten ihre Ziele vollumfänglich. Die Sozialhilfe ist diskreditiert und wer immer staatliche Hilfe in Anspruch nehmen will oder muss, steht unter Generalverdacht.

Diese Befürchtung hatten ich und der Stadtrat ebenso, von Anfang an. Wir starteten noch einen Versuch, die Kampagne zu stoppen. Der Stadtrat stellte finanzielle Mittel bereit, um eine professionelle Gegenkampagne zur Klarstellung wie

Sozialhilfe funktioniert, lancieren zu können. Dazu aber – so waren wir uns einig – müssten die Stakeholder der Sozialhilfe, also SKOS, Städteinitiative und SODK mitmachen. Ich ging zu allen drei Organisationen und erklärte die Kampagne, unsere Ziele für eine gemeinsame Gegenstrategie und bat um Hilfe. In allen drei Organisationen wurde deutlich:

- nein, die Kampagne betrifft nur Zürich (und darüber war man da oder dort sogar froh)

- das wird wieder verschwinden, man muss das Thema nur nicht so hoch hängen

- es ist der Zeitgeist, mehr nicht

Ich bin sicher, heute würden die Stakeholder, die es ja alle sehr betroffen hatte und noch immer betrifft, die Lage anders einschätzen.

Auf dem Höhepunkt der Kampagne berief ich ein Kolloquium ein: einen Medienrechtler, einen Juristen, der das Verwaltungshandeln sehr gut kennt, und einen sehr erfahrenen Politikberater. Nach eineinhalb Stunden Beratung war das Fazit ernüchternd: Die Kampagne ist perfekt geführt, passt in den Zeitgeist und wird von Rechts und Links begrüsst. Sie, also ich, können gar nichts mehr tun als durchzuhalten.

Für mich begannen harte Wochen. Ich musste vor allem die Mitarbeiterinnen und Mitarbeiter darin bestärken, dass unsere Arbeit professionell weiterzugehen hat, wie sehr man sich auch diskreditiert fühlte, wie wütend und gekränkt man durch die öffentliche Kritik auch war. Ich glaube, jede Führungskraft kennt solche Zeiten und weiss, dass das nicht einfach ist. Für manche war es auch eine willkommene Gelegenheit, mit mir abzurechnen. Schliesslich waren doch durch den Change und die Verflachung der Hierarchien Verletzungen entstanden, die nicht bei allen verheilt waren. Jetzt fand man immer ein offenes Mikrofon, um über die Chefin sowie die Vorgesetzten aller Ebenen zu klagen und zu schimpfen.

Ich zählte die Wochen bis ich meinen Rücktritt auf Mitte 2008 bekanntgeben konnte.

In der Zwischenzeit hielt mein Herz dem Druck nicht mehr stand und ich musste mit Verdacht auf einen Herzinfarkt ins Spital gehen. Zum Glück war es nur eine Krise und ich konnte nach zwei Tagen das Spital wieder verlassen. Der behandelnde Arzt – ein sehr kluger Mann – verschrieb mir als Therapie: drei Wochen geheimer Aufenthalt, drei Wochen keine Medien, weder Zeitungen, noch Radio, noch Fernsehen. Ich hielt mich daran und deponierte beim Bezirksrat mein Rücktrittsschreiben. Bald schon konnte ich erholt und wieder erstarkt in mein Amt zurückgehen, um den Endspurt anzutreten. Ich weiss nicht, ob es viele Exekutivpolitiker/innen gibt, die weder gelesen, noch gehört, noch gesehen haben, was bei ihrem Rücktritt berichtet wurde. Mich befreite es. Ich bekam Taschen und Säcke voll mit bedauernden Briefen, mit Geschenken, Trostschreiben und fünf Schimpf- und Schandbriefe.

Festzuhalten ist, was heute die Psychologie an vielen Beispielen erforscht: Kampagnen sind eine öffentliche Form von Mobbing und das macht krank, psychisch und dauerhaft. Ich hatte also Glück. Mein Körper reagierte zuerst und verhinderte so eine psychische Erkrankung.

Der psychische Terror meint,
- man kann nicht mehr reagieren
- man ist verwirrt, hört man doch aus dem Fernsehen oder dem Radio, Frau X oder Herrn Y etwas sagen, dessen Gegenteil die Betreffenden vor wenigen Tagen ihnen gegenüber geäussert haben

- was immer die Person im Fokus der Kampagne sagt, wird öffentlich interpretiert, aus dem Zusammenhang gerissen, so zitiert, wie es für die Kampagne gebraucht wird

Heute sind Kampagnen mit Jagd auf Führungspersonen immer wieder anzutreffen. Man hat sich fast daran gewöhnt. Journalisten, wie Coaches kennen die Abläufe, die ersteren halten sich mehr oder weniger ans „Drehbuch" und so werden die Eskalationen für die letzteren „planbarer". Das ändert aber nichts daran, dass für jene, die es betrifft, ein persönlicher Schaden entsteht. Diesen können sie nur überstehen, wenn sie genügend verlässliche Freundinnen und Freunde haben, die sie tragen und die Betroffenen eine starke Verankerung in einer Ethik haben.

Inzwischen gibt es eine ganze Reihe von Büchern von Betroffenen, von Ratgebern: Sie halten immer dieselben Mechanismen fest. Sie helfen nicht in der unmittelbaren Aktualität, aber sie helfen im Nachhinein, die Geschichte zu relativieren und zwischen Realität sowie Interpretation zu differenzieren. Mittelfristig wird es sicher Forschungsarbeiten geben, die untersuchen, wieso überproportional viele Frauen von solchen Kampagnen betroffen sind, sowohl in der Politik wie in der Wirtschaft. Lassen wir das Wort „Hexenjagd" vorerst aussen vor.

DIE MEDIEN

Ich kann nicht in das allgemeine Gejammer über die Medien einstimmen, trotz der Kampagne nicht. Vielleicht besteht da so eine kleine kollegiale Ecke auch, die in Schutz nimmt, immer wieder. Ich packte in den 80er Jahren die Chance, einen Intensivkurs in Fachjournalismus am Medienausbildungszentrum MAZ in Kastanienbaum bei Luzern zu besuchen. Der Verlegerverband der Fachpresse hatte, in Zusammenarbeit mit dem MAZ, damals noch eine junge Institution, den Kurs ausgeschrieben. Ich arbeitete zu der Zeit bei der Informationsstelle des Zürcher Sozialwesens, die ein monatliches Bulletin herausgab. Als ich – später auch in der Rolle Geschäftsführerin der Behindertenkonferenz des Kantons Zürich – schreiben musste, nein durfte, machte ich das gern.

Die Interessentinnen und Interessenten für den meines Wissens nur ein oder zwei Mal durchgeführten Kurs, mussten eine Aufnahmeprüfung machen. Es kamen viele und wir waren achtzehn Personen, die den Kurs absolvieren konnten. Ich sass mit der Fachjournalistin der Zeitschrift „Das Pferd", mit dem Leiter des Bulletins „Der Berufsberater", mit dem jungen Kollegen der „Motocross" bediente, in einem Saal. Ich hatte sehr viel profitiert.

Meine Kompetenz zu schreiben, aber auch mich in Reden und Debatten zu konzentrieren, habe ich z.T. dort gelernt. Ich fühlte mich also – wenn auch nur ganz am Rande – immer auch ein wenig zu den Medienleuten gehörig.

Im Kurs am MAZ „lernte" ich, wie übrigens dann auch viele Jahre später an der Uni beim Studium der angewandten Ethik, den Berufskodex des Journalismus. Als junge Berufsfrau stand ich damals diesem mit viel Ehrfurcht und Respekt, später dann mit Schmunzeln und auch Trauer, gegenüber.

Meine Einschätzung, dass die Medien auch der Arbeitspartner der Politik sind, besteht noch immer. Wir brauchen einander, sie sind die Multiplikatoren und wir sind ihr „Stoff". Ich hatte auch während achtunddreissig Jahren (!!) gut damit gelebt, die Medienschaffenden einzubeziehen, sie zu „füttern", ihnen – vor allem jenen die sich für die Sozialpolitik interessierten – auch manchmal etwas mehr Material zu geben, als nur das was an einer Medienkonferenz gesagt wurde. Selbst als Stadträtin hatte ich zu den Journalisten der NZZ, die damals noch so eine Art Ressortzuständigkeit hatten und die regelmässig das Sozialdepartement kommentierten, eine intensivere Beziehung. Es war möglich, eine ausserordentliche Besprechung zu führen, wo es keineswegs um irgendwelche News oder Primeurs ging, sondern um eine Auslegeordnung, eine Einschätzung und Meinungsbildung. Mit den Fachjournalisten des Tages-Anzeigers gab es das ab und zu auch. Falls das Vertrauen da war, konnte man auch mal politisch-strategische Überlegungen zum Voraus aufzeigen. Besonders konnte ich wenigen Journalisten, immer ohne Zögern, Publikationen, also Berichte, Studien, vorab zustellen. Das war mir ein wichtiges Anliegen. Die Journalisten hielten sich an die Sperrfrist und waren froh, genügend Zeit für eine fundierte Lektüre zu haben. Sie lasen diese Berichte dann auch tatsächlich und kommentierten so, dass man spürte, dass sie die Schriften gelesen hatten. Später gab es Kommentare zu Aktivitäten, wo man spürte, dass niemand sich die Mühe nahm, die vierzig oder fünfzig Seiten wirklich zu lesen. Wohl halt auch dem Zeitdruck geschuldet....

Die elektronischen Medien spielten eine immer wichtigere Rolle. In den 80er Jahren gab es eine Sendung, die hiess „Tatsachen und Meinungen" – und wie der Titel zeigt – debattierte man auch so. Es ging um Meinungen zu Fakten und nicht um a priori Rechthaberei. Ich wünschte mir, es gäbe wieder ein solches Gefäss. Sogar in der ersten Zeit der Fernsehsendung „Arena" erlebte ich viel Fairness. Es wurde ein Thema gesetzt, dazu war Fachkompetenz ebenso gefragt wie politische Klarheit und der Moderator verlangte, dass man die Eingeladenen ausreden liess. Ich weiss nicht, wie oft ich in der Arena war, zu Fragen der Drogenpolitik allein einige Male. Es wurde hart und fair miteinander umgegangen. In der Sendung „Rundschau" in der Interviewte den sogenannten heissen Stuhl besteigen mussten, durfte oder musste ich mich – wenn ich mich recht erinnere – drei Mal den Fragen der Moderatorin stellen. Die ersten beiden Male war das hart aber okay, das dritte Mal, im Januar 2008, war es im Rahmen der Kampagne, natürlich total anders.

Vorausgehend wurde ein Film gezeigt, ein Zusammenschnitt von Sequenzen aus andern Sendungen, Interviewausschnitte von verschiedenen Leuten aus früheren Sendungen, sogar einer Tagesschau und Pressekonferenzen. Ein Durcheinander, mit dem Ziel: eine vernichtende Kritik meiner Arbeit zu zeigen. Ich fragte später bei zwei Personen nach: Sie wussten nichts von diesem Film, niemand hatte um Zustimmung gefragt, ob ihre Aussage für ein solches Produkt benutzt werden dürfe. Es ist natürlich unmöglich festzustellen, wie so ein Vorgehen zustande kommt. Ich war völlig perplex und musste innerlich ganz schnell umschalten, als ich diesen Film sah. Ich wechselte dann auf die Frage der Moderatorin einfach die Ebene. Vom Grundrecht auf Sozialhilfe angesprochen, von der Würde, die jedem Menschen gegeben ist, auch wenn er Hilfe braucht, referierte ich über die Haltungsgrundsätze der Sozialhilfe. Damit wurde das Konzept der Journalistin völlig untergraben.

Als das fairste Medium und, wenn ich so sagen darf, das seriöseste, erlebte ich das Radio. Obwohl man ja nichts „gegenlesen" konnte, wurde bei mir nie ein Interview so geschnitten, dass es mich blossgestellt hätte.

Schmunzeln musste ich über die neuen Radiosender, die manchmal so blutjunge Frauen und Männer in die Pressekonferenzen schickten. Man hatte den Eindruck, die Betroffenen wüssten nicht, wie ihnen geschieht. Eine junge Frau sagte mal treuherzig zu mir: Ich weiss nicht, was ich Sie fragen soll, ich habe keine Ahnung vom Thema. Aber ich muss einen Originalton von Ihnen mitbringen, sagte der Chef. Wir schafften das dann ganz gut, glaube ich.

Das „Echo der Zeit" ist für mich noch heute die Politsendung, die ich nach Möglichkeit nicht verpasse. Nach der halben Stunde Sendezeit habe ich immer das Gefühl, ich hätte jetzt einen Zugewinn an Verständnis um Zusammenhänge.

Ich fühlte mich wirklich jahrzehntelang nicht als Gejagte oder als Opfer, wie man das heute häufig von Politikerinnen und Politikern hört. Natürlich bemerkte ich den steigenden Druck als die Sonntagszeitungen und die Gratismedien neu auf den Markt kamen. Der Fluch, spätestens am Freitag einen Primeur für den Sonntag zu haben, gab zum internen „Freitagvormittag-Spruch" Anlass: Mit was wollen wir füttern, wenn sie noch brüllen?

Kulturwandel in der Kampagne
Meine positive Medieneinschätzung basiert auf der Grundlage – 38 von 40 Jahren – korrekter Zusammenarbeit. Das finde ich nach wie vor bemerkenswert und ich ermutige damit auch junge Kolleginnen und Kollegen zu einer offenen Zusammenarbeit mit den Medienschaffenden. Natürlich änderte die Kampagne alles.

Beispiele
Ich füge vier Beispiele an.

Beispiel 1: Gestelltes Interview
Die Pressekonferenz zum Spanienfall gab wenig her. Die Fakten waren schnell erzählt: Es existierten zwei Listen beim Kanton und die Fachleute glaubten diesen Listen mit guten Gründen. Am Tag danach war in der grossen Tageszeitung ein gestelltes Interview: Nicht gestellte Fragen waren durch nicht gestellte Antworten „beantwortet". Wo gibt es denn so was? Ich fragte nach: Kam eine Anfrage für ein Interview und ging diese bei uns unter? Hatte jemand, in meinem Namen, irgendetwas beantwortet, per Mail, am Telefon oder sonst irgendwo... Nichts dergleichen geschah.

Ich fragte bei drei Fachleuten nach, die in Politikwissenschaft, in Kommunikationstheorie und -praxis über schweizweit grosse Erfahrungen und auch einen guten Ruf haben. Alle drei rieten mir ab, offensiv zu reagieren. Man ziehe da immer den Kürzeren.

Beispiel 2: "Hidden" Agenda
Die Anfrage für das Interview für eine grosse Sonntagszeitung kam relativ spät. Es sollte aber noch unbedingt am Freitag dieser Woche stattfinden. Ich war bereit, die Tagesagenda umzustellen und zum Thema Sozialhilfe Auskunft zu geben. Ich bat meine Kommunikationsfachfrau dazu, in der wohl richtigen Annahme, dass es anschliessend eine redaktionelle Abstimmung braucht, die unter Zeitdruck zu geschehen hat. Erfahrungsgemäss müssen am Samstag um 17 Uhr alle Artikel in den Zeitungsdruck gehen.

Herr M 1 kam wie angekündigt, allerdings begleitet von Herrn M 2, dem älteren, erfahrenen und wie ich wusste, sehr kritischen Journalisten. Okay, warum nicht. Das Gespräch startete harzig, zähflüssig und etwas schülerhaft kamen die ersten Fragen. Ich versuchte anschaulich und mit Beispielen angereichert zu antworten. Nach etwa zehn Minuten unterbrach ich das Gespräch und stellte fest: Ich habe das Gefühl, dass Sie gar nicht interessiert sind an meinen Antworten, dass Sie etwas ganz anderes von mir erwarten. Um was geht es denn wirklich? Beide Herren M beteuerten, nein, es sei sehr interessant. Wir quälten uns weiter. Mein Bauchgefühl, meine Intuition warnte immer heftiger. Ich bat nochmals um einen Unterbruch: Ich hätte den Eindruck, sie sässen mit einer hidden Agenda vor mir. Ich möchte wissen, um welches Thema es wirklich gehe für die Wochenendausgabe. Beide Herren wiesen diesen Verdacht entrüstet zurück, wie können Sie nur, Frau Stadträtin... gut. Irgendwie kamen wir zum Ende. Das Gespräch sollte in drei Stunden im Computer eingegeben sein.

Es wurde aber sehr spät am Freitagabend, bis uns der Vorabdruck zur Stellungnahme übermittelt wurde. Wir staunten: Das war nicht wirklich unser Gespräch, also noch Arbeit, auch am Samstag, aushandeln fast Wort für Wort. Irgendwann lagen die Nerven blank: ich meldete der Redaktion, dass ich das Interview zurückziehen möchte. Als Antwort darauf erhielt ich eine verbale Drohung, die ich hier nicht aufführe. Schliesslich, kurz vor 17 Uhr gab ich das Gespräch zum Druck frei.

Am Sonntag ging ich zum Kiosk. Seit Jahren ist der Sonntag mein medienfreier Tag. Der Zeitungsaushang: Sozialdepartement unterstützt islamistische Vereinigung! Die Zeitung berichtete auf der Front über einen angeblichen Skandal. Eine Sozialarbeiterin hatte bemerkt, dass die Zahlungen an eine Familie über das selbe Konto verbucht sind, wie die Kosten für die Kurse in heimatlicher Sprache und Kultur. Die Sozialarbeiterin hatte diesen Umstand gemeldet und die entsprechende Überprüfung war im Gange. Mit dem, mit mir durchgeführten Interview auf Seite 3 und mit grossem Foto von mir, legitimierte ich ungefragt die Berichterstattung auf der Frontseite. Mein Bauchgefühl zur "hidden" Agenda war richtig.

Wieder fragte ich bei Fachleuten nach, was ist zu tun? Dieses Vorgehen der Zeitung sei – leider – nicht selten. Monate später bat ich den Chefredaktor zu einem Mittagessen und konfrontierte ihn mit dieser Geschichte. Sein Kommentar: Man muss sich heute etwas einfallen lassen.

Beispiel 3: Wem gehört das Opfer?
Schon lange war das Interview mit dem Wochenmagazin terminiert. Ich fragte unseren jungen Mitarbeiter, ob er mit dabei sein wolle – er wollte. Ich war im Nachhinein froh um diesen Impuls meinerseits, denn sonst hätte ich an meiner geistigen Gesundheit und Wahrnehmungsfähigkeit gezweifelt.

Herr B, angemeldet, kam mit Herrn S, nicht angemeldet. Gut, warum nicht. Dann aber – kaum war die erste Frage von Herrn B gestellt – fiel ihm Herr S ins Wort. Es begann ein Streit, wem denn nun ich „gehöre". Der eine, eben aus Amerika zurück, fühlte sich dadurch berechtigt, die neuesten Highlights neoliberaler Sozialpolitik – nämlich null Sozialpolitik in den Städten – vor mir auszubreiten und mich zu konfrontieren mit dem altmodischen Gehabe in der Schweiz. Herr B aber war überzeugt, seine wochen- und monatelange Vorarbeit legitimiere ausschliesslich ihn, mich in die Zange zu nehmen.

Die Form der Auseinandersetzung muss nicht geschildert werden. Ich lehnte mich zurück und fühlte mich im absolut falschen Film. Ich schwankte zwischen einem Wut- und einem Lachanfall, blieb zum Glück aber cool, mindestens bis die beiden Herren das Sitzungszimmer verlassen hatte. Herr B hat sich anschliessend in einem Mail für diese spezielle Ausgangslage entschuldigt.

Beispiel 4: Hintergrund konstruieren
Die Kultur, dass die grosse Tageszeitung die Seite 2 als Hintergrundseite pflegte, um Zusammenhänge aufzuzeigen, Fakten zu vertiefen, Meinungen anzuhören und wiederzugeben, und allenfalls auch einen redaktionellen Kommentar dazuzuschreiben, gibt es heute so nicht mehr. Damals aber gab es noch einzelne Journalisten, die zu einer solchen Aufgabe genügend Zeit zur Verfügung gestellt bekamen. Ich hörte von meiner Informationsbeauftragten, dass Herr N sich gemeldet habe. Er möchte die Zusammenhänge um diese Sozialhilfefälle und mein Verhalten dabei gern in einen grösseren Zusammenhang stellen, recherchiere dazu und möchte nun ein persönliches Gespräch mit mir.

Es war die Phase, wo ich schon sehr misstrauisch und wenig hoffnungsvoll war. Schliesslich – eben meine professionelle „Früherinnerung" – sagte ich zu. Wie immer, wenn ich mich dann einem Menschen gegenüber setze, bin ich konzentriert, offen, lasse mich auf das Gegenüber ein, gebe mich ehrlich und – ja, ich bin keine gute Schauspielerin. Ich gab auch meine, durch die Kampagne erlittenen seelischen Verletzungen preis und gestand ein Stück weit meine Ratlosigkeit ein, wie das weitergehen soll. Ich hatte das Gefühl, dass es ein gutes Gespräch sei, dass nun „Material" da wäre, damit er – wenn er denn wirklich diese Absicht hat – etwas damit anfangen kann. Ich war tatsächlich so naiv, ich gebe es zu.

Drei Tage später kam ein ganzseitiger Artikel mit einem entsprechenden Foto (zu Fotos kann man ja nie eine Bewilligung geben) und dem Titel: Der BMW ist nicht ihr einziges Problem. Die Sammlung von Unterstellungen, von Zitaten (ich hatte nur bei zwei Personen nachgefragt, ob sie das tatsächlich gesagt hätten) war gigantisch. Da es ja kein Interview im klassischen Sinn war, sondern eben ein persönliches Hintergrundgespräch konnte ich nichts machen.

In den Seminaren wähle ich oft diese Beispiele, um junge Berufskolleginnen und -kollegen zu schulen und darauf aufmerksam zu machen, dass man den Umgang mit den Medien lernen muss. Immer verbinde ich aber diese Beispiele, die die Studierenden aufwühlen, mit der klaren Aussage, dass ich mehrheitlich sehr gute Erfahrungen in der Zusammenarbeit mit den Medienschaffenden gemacht habe, dass man eine solche Zusammenarbeit aufbauen, pflegen kann und dass sie, als Leiter/innen von Sozialdiensten und Organisationen, dazu auch in der Pflicht stehen.

Jetzt – im Alter – bin ich natürlich gelassener, kann mich zwar noch immer ärgern, reagiere mal auf Falschaussagen, Legendenbildung oder auch nicht. Es gibt tatsächlich Wichtigeres heute als die Verletzungen im Kleinen.

TEIL 4

MEIN STUDIUM IN ETHIK
MEINE NEUE SELBSTÄNDIGE ARBEIT IM ATELIER
MONIKA STOCKER

Meine politische Arbeit ist wieder in der sozialen Bewegung, in der Grossmütter Revolution.

„Persönliche Gedanken zur Zeit" resultieren aus Forschungen, Literatur, Unterricht und Debatten.

Autorin

Wie immer, wenn jemand aus der Politik zurücktritt, bekommt er oder sie viele Anfragen für Präsidien und Vorstände. Eine Kollegin warnte mich: Bitte sag die ersten zehn Anfragen ab, sonst ist deine Agenda voll, bevor du zur Besinnung kommst. Das schien mir doch sehr überheblich. Sie hatte aber recht. Zuerst einmal musste ich landen, d.h. meinen eigenen Alltag wieder organisieren. Wie allen Pensionierten fällt es einem erst dann auf, mit welcher Selbstverständlichkeit die Organisation ihre Mitarbeiterinnen und Mitarbeiter unterstützt, Agendaführung, EDV Wartungsdienste, Nachschub von Material, technische Erneuerungen... und das natürlich erst recht in meiner Position. Ich wurde von der Vorzimmerfrau, der Departementssekretärin und dem Departementssekretär, von der Informationsbeauftragten mit so vielen Dienstleistungen getragen, sonst hätte ich das Pensum ja gar nicht geschafft.

Die guten Erfahrungen aus der Zeit, wo ich als selbständige Fachfrau das ProjekTATelier führte, haben mich schnell den Entschluss fassen lassen, wieder ein Büro zu eröffnen, das Atelier MS. Ich offerierte mein Erfahrungswissen, erstellte einen Prospekt und eine Website. Ich liess mich als Einzelfirma bei der Sozialversicherungsanstalt (SVA) registrieren und entwickelte ein vielfältiges Portfolio: Lehraufträge, Einsitz in Stiftungen, Präsidien, Coaching, strategische Beratungen, Publikationen.

Zu zwei Engagements entschloss ich mich rasch:

Redaktion "*Neue Wege***"**[9]
Während sechs Jahren hatte ich einen Auftrag als Co-Redaktorin der "*Neuen Wege*", der wohl ältesten Zeitschrift der Schweiz. Das forderte mich intellektuell, hiess mich monatlich eine Leistung erbringen und mich im Netzwerk von Redaktionskommission, Autorinnen und Autoren organisatorisch ein- und durchsetzen. Meine Kolumne „Weg-

marke" war offenbar für viele Leser/innen eine willkommene Herausforderung und Nachdenkstelle. Ich liebte diese journalistische Arbeit, auch wenn sie einen Rollenwechsel bedeutete oder vielleicht gerade darum.

Behinderte und Sexualität
Eine Ausnahme bezüglich Annahme von Mandaten machte ich auch, als Ahia Zemp mich anfragte, ob ich das Präsidium des Trägervereins ihrer Fachstelle "Behinderte und Sexualität" übernehmen würde. Ich kannte Ahia schon seit Jahrzehnten, bewunderte ihre Tatkraft und ihre Grossherzigkeit, ihren Mut und ihren Einsatz für so viele Menschen. Das Thema Sexualität und Behinderung war heikel und die Suche nach Geldmittel für diese wichtige Aufklärungsarbeit liess mich erschaudern. Wie vielen Vorurteilen und dummer Arroganz wir doch begegneten! Ich konnte aber Ahia und ihre Arbeit noch gut drei Jahre unterstützen. Ihr Entscheid aufzuhören, die Fachkompetenz abzugeben und sich auf „die andere Welt" vorzubereiten, rang mir in ihrer Konsequenz nochmals viel Bewunderung ab. Wir gingen gemeinsam im kalten Schneetreiben mit ihren Werken an die Hochschule für Soziale Arbeit Luzern, wo sie alles „abgab", grosszügig mit vielen guten Wünschen und somit leer wurde für ihre Reise in die andere Welt. Schliesslich wurde sie so krank, dass wir die Auflösung des Vereins im Juni 2011 ohne sie beschliessen mussten. Ahia starb im Dezember. Die professionelle Facharbeit mit behinderten Menschen, die sich schützen müssen gegen Ausbeutung und Missbrauch muss weitergehen. Ahia war Pionierin wie in so vielem. Es war gut, ein Stück weit Begleiterin zu sein.

Mit der Zeit übernahm ich dann weitere Präsidien: das Präsidium der Heimkommission eines privaten Alterszentrums, das eine Neukonzeption und einen Neubau mit Wohnungen plant, den christlichen Friedensdienst, die feministische Entwicklungsorganisation, die einen sehr anspruchsvollen

Nischenauftrag in der Stärkung von Frauen wahrnimmt und schliesslich das Präsidium der Unabhängigen Beschwerdestelle gegen Gewalt im Alter UBA. Da erarbeiteten wir eine Restrukturierung in Organisation und Abläufen und einen Ausbau in der Dienstleistung, die leider immer wichtiger wird. Die Zusammenarbeit mit Freiwilligen, die eine hohe Erfahrungskompetenz einbringen, ist das Erfolgsrezept. Das Kämpfen um bescheidene aber notwendige finanzielle Mittel ist Alltag, eine intensive Arbeit. Zwei der Präsidien habe ich nach siebenjähriger Tätigkeit inzwischen weitergegeben.

EIN STUDIUM IN ANGEWANDTER ETHIK

Da ich mich auf die Zeit nach der Pensionierung vorbereiten wollte, begann ich schon 2007 das Studium in angewandter Ethik. Ich hatte das Bedürfnis, mir wieder einmal Zeit zu nehmen, intellektuell redlich und seriös, all mein Handeln zu reflektieren. Es war natürlich anspruchsvoll, jeweils am Freitagabend und den ganzen Samstag die Schulbank zu drücken, hatte doch die Arbeitswoche ab Montag um sieben Uhr schon ziemliche Spuren hinterlassen. Doch seltsamerweise: sobald ich im Vorlesungssaal sass, wurde ich ruhig, spürte, wie ich aufmerksam und interessiert arbeiten konnte und genoss es schlicht und einfach wieder einmal konsumieren zu können. Ich war nur für mich verantwortlich, weder dafür dass der Beamer funktionierte, noch dass es genug Kaffeetassen hatte... Das Studium beflügelte mich und ich konnte vieles lernen, überprüfen, mir Rechenschaft geben und ich glaube, ich konnte auch mit Beispielen aus meiner Praxis meinen Kolleginnen und Kollegen Einblick geben in eine Welt, wo Philosophie und Ethik eben tatsächlich angewendet werden mussten.

Ich schloss mein Studium mit der Masterarbeit zum Thema: "Das Grundrecht auf Existenzsicherung in der Sozialhilfe - Eine Interpretation" ab. Es war ein Geschenk, die Praxis am Schluss der beruflichen Arbeit nochmals intellektuell aufzuarbeiten und schriftlich festhalten zu können.

Genau diese Masterarbeit und die Examen warteten nach dem Rücktritt auf einen tüchtigen Abschluss.

Berufsethik
Das Studium in angewandter Ethik und meine lange Berufserfahrung kann ich als Mitglied der berufsethischen Kommission des Berufsverbandes vertiefen und anwenden.

„In der Sozialen Arbeit sind nicht nur praktische und damit zusammenhängend auch kognitive Probleme zu lösen, sondern auch normative." Mit diesen Worten wird der publizierte Berufskodex[10] der Berufsverbandes Avenir social eingeführt. Wie jede Profession hat die Sozialarbeit erst recht sich der normativen Eckdaten, innerhalb deren sich ihr berufliches Handeln bewegt, bewusst zu sein. So formulieren wir:

Damit wird deutlich, dass die Sozialarbeit drei Ebenen im Auge hat:
- die politischen und ökonomischen Systeme also die Makroebene
- die betroffenen Menschen, also die Mikroebene
- die Gegenseitigkeit und gegenseitige Bedingtheit dieser beiden Ebenen, also die Mesoebene

Sozialarbeit in einem Slum von Chicago am Ende des 19. Jahrhunderts verlangte eine andere Mesoebene des Handeln als z.B. Wohlstandsverwahrlosung im Klima der "no future" Jugend des beginnenden 21. Jahrhunderts. Das ist nicht immer einfach zu verstehen. Wer simple Vergleiche macht, wie: In einem Elendsviertel überleben die Leute auch irgendwie, um z.B. die immer knapper für die Sozialhilfe zur Verfügung gestellten Mittel zu rechtfertigen, handelt unprofessionell.

Triple Mandat

Immer wieder wurde gerätselt, ob ich als Sozialvorsteherin anders handelte, weil ich auch Fachfrau bin. Ich kann nur festhalten, dass für mich die Profession immer die Kompassnadel war und ich so der Versuchung mal nach dieser oder mal nach jener Seite Konzessionen zu machen, gut widerstehen konnte. Denn die professionelle Sozialarbeit hat ein dreifaches Mandat:

- das 1. Mandat ist Hilfe und Kontrolle, also in sich schon ein Doppelmandat

- das 2. Mandat sind die berechtigten Ansprüche seitens der Menschen

- das 3. Mandat sind die Anforderungen der Profession, in dem sie ihr Wissen und ihre Techniken und ihre Ethik bekennt und einfordert

Gerade dieses letzte Mandat ist oft nicht einfach zu verteidigen. Der Antagonismus: Hier der Klient, dort die Gesellschaft, scheint für viele zu genügen. Er genügt aber definitiv nicht.

Die professionelle Sozialarbeit hat sich also um ein Handeln zu bemühen, das sich immer auch an ethischen und moralischen Normen orientieren muss. Und dabei sind es nicht etwa einfach „meine" Normen und „meine" Moral als Sozialarbeiterin X sondern es geht um die normativen Eckdaten einer Gesellschaft, wie sie in Verfassung und Kultur, in Lebenszusammenhängen und in der Realität herausgebildet werden. Das ist höchst anspruchsvoll. Da genügt der häufig reklamierte „gesunde Menschenverstand" definitiv nicht.

Weltweite Definition

Der internationale Fachverband der Sozialarbeit hat sich

denn auch bemüht, eine Definition des beruflichen Handelns zu formulieren, die adäquat ist für die verschiedensten Lebens- und Gesellschaftsrealtäten. 2007 wurde in Los Angeles auf dem Kongress festgehalten:

Die Profession Soziale Arbeit fördert
- denjenigen sozialen Wandel
- diejenigen Problemlösungen in zwischenmenschlichen Beziehungen und
- diejenigen Ermächtigung und Befreiung von Menschen, der/die das Wohlbefinden der einzelnen Menschen anzuheben vermögen
- Sie stützt sich auf Theorien menschlichen Verhaltes und auch auf Theorien sozialer Systeme und vermittelt an den Orten, wo Menschen und ihre sozialen Umfelder aufeinander einwirken
- Für die Soziale Arbeit sind die Prinzipien der Menschenrechte und der sozialen Gerechtigkeit fundamental

Das tönt, wie alle solchen Definitionen, kompliziert und abstrakt. Sie helfen jedoch in der konkreten Praxis als Orientierungspunkte. Seit 2010 bin ich Mitglied der berufsethischen Kommission des Berufsverbandes Avenir social und erlebe, wie Kolleginnen und Kollegen in der Praxis immer wieder froh sind, kollegiale berufsethische Beratung in Anspruch nehmen zu können. Gerade auch die Begegnung mit andern Kulturen, andern familiären Systemen und andern Rollenbildern, insbesondere was die Frauen betrifft, sind zu reflektieren und sorgfältig zu legitimieren. Man muss halt, man soll einfach... all diese Simplifizierungen werden der professionellen Kompetenz nicht gerecht.

Wer über Jahrzehnte politisch aktiv war, wird es sein Leben lang bleiben
Die Partei der Grünen revidierten nach meinem Ausscheiden aus dem Amt die Statuten und ernannten mich zum Ehren-

mitglied. Das bedeutet für mich aber auch, dass jetzt eine andere Generation in den Strukturen der Partei arbeitet und ich mich nicht mehr einmischen will. Ich bin nun auch vor allem noch zahlendes Mitglied. Politisch aktiv aber bin ich in der Grossmütter Revolution[11], eine soziale Bewegung alter Frauen, die wie ich nach fünfzig oder mehr Jahren noch immer an der Entwicklung einer gerechteren fürsorglichen Welt arbeiten wollen. Das beflügelt und hält jung. Uns begleitet das Wort von Max Frisch: "Nicht weise werden, zornig bleiben!"

PUBLIKATIONEN – AUTORIN

Ich wurde auch häufig angefragt für Kolumnen. Da konnte ich mein journalistisches Arbeiten leben und, zusammen mit der Redaktionsarbeit "*Neue Wege*", mein Schreiben professionalisieren. Schon im Amt war es für mich wichtig, unsere Arbeit zu dokumentieren, sie andern, aussen stehenden Menschen, aber auch Fachkolleginnen und -kollegen sowie andern Interessierten zugänglich zu machen.

Ich hoffte, so möglichst vielen Kolleginnen und Kollegen Erfahrungen weiterzugeben und sie einzuladen, mitzudenken und mitzureden, wenn sie das wollen. Unsere Vorhaben fanden ja „öffentlich" statt und durften nicht zu Kabinettstücken verkommen. Eine Reihe von Publikationen ist so entstanden (s. Anhang), die beim Sozialdepartement zum Selbstkostenpreis erhältlich sind. Leider kam es nur selten zu wirklichen fachlichen Debatten. Ich hätte mir das viel offensiver gewünscht. Dass ich als „Berufsfrau" die Chance hatte, ein solches Amt zu führen, hätte doch für unseren Beruf ermöglicht, Sozialarbeit als Profession viel öffentlicher wahrnehmbar und ihre Kompetenzen sowie Möglichkeiten breiter bekannt zu machen.

Ich spürte mir gegenüber immer eine grosse Skepsis. Es war, wie wenn man mir in der Rolle der „machtvollen" Verant-

[11] www.grossmuetter.ch

wortlichen nicht mehr traut, das sie auch eine engagierte Berufsfrau bleibt. Erst nach meinem Austritt aus dem Amt habe ich im Unterricht und auf Tagungen einige unserer Publikationen nochmals vorgestellt und sie stiessen auf grosses Echo.

Eine Studie erregte vor allem die Gemüter von liberalen Ökonomen. Sie trägt den provokativen Titel: "Das Soziale rentiert." Da versuchten wir zu eruieren und aufzuzeigen, wofür die Gelder der öffentlichen Sozialhilfe eigentlich „gut" sind. Es zeigte sich, dass da jeder Franken wirklich ausgegeben wird und in die Volkswirtschaft fliesst, und zwar an der Basis: in den (Billig)Läden, bei den Liegenschaftenbesitzern, im öffentlichen Verkehr.

Ich begegne immer wieder der Vorstellung, soziale Gelder würden direkt in Limmat geworfen oder landeten in einem schwarzen Loch. Diesem Vorurteil ist schwer beizukommen. Dass der Kreislauf der Gelder in dieser Studie systematisch vorgestellt wurde, nervte all jene, die das Soziale per se als untauglich und wirtschaftsfeindlich taxieren.

An gewissen Veranstaltungen machte ich jeweils ein kurzes Publikumsexperiment. Angenommen das Sozialdepartement der Stadt Zürich streikt und bezahlt für drei Monate keine Gelder aus. Was passiert in unserer Stadt? Oh, da war man sich dann schon schnell einig, dass das „nicht geht". Nur der Umkehrschluss war nicht verständlich. Dass auch die Menschen, die im Sozialwesen arbeiten, Steuern zahlen und Konsument/inn/en sind, war eine Nebenbemerkung, die irritierte. Offenbar sind soziale Stellen für gewisse Kreise irgendwo auf dem Mond angesiedelt und sicher nicht in der volkswirtschaftlichen Realität.

Heute ist ökonomisch weltweit klar, dass ohne eine minimale finanzielle Grundausstattung der einzelnen Menschen, auch der von Armut Betroffenen, keine Entwicklung in Gang kommen kann. Die Menschen – ob wir nun Anhänger/innen des freien Marktes oder von Staatsinterventionismus oder von Mischformen sind – müssen zuerst „marktfähig" gemacht werden. Sie müssen konsumieren können und/oder, wenn sie Selbstversorger/innen sind, ein wenig mehr als das absolut Lebensnotwendige produzieren, um das Überflüssige auf den Markt tragen und verkaufen zu können. Damit können sie dann wieder jene Güter erwerben, die sie nicht selbst herstellen können, Bildung z.B. Was wir nun in Jahrzehnten für die sogenannten Milleniumsziele und weltweiten Wirtschaftsziele erkennen, scheint bei gewissen Leuten in der Debatte um Sozialhilfe und Sozialleistungen total ausgeklammert. Es darf einfach nicht sein, dass auch das Soziale „rentiert".

Das Paradies hat keinen Garantieschein
Die letzte Publikation trug fast wie ein Vermächtnis den Titel: "Sozialpolitik im Paradies, Analyse und Visionen – Beiträge zur Debatte".[12] Ich hoffte, damit noch einmal jene Kräfte im bürgerlichen wie im linken Lager mobilisieren zu können, die eine sozial sichere Stadt, als Voraussetzung für eine prosperierende Stadt mit Lebensqualität für alle, verbinden. Die Debatte kam nicht (mehr) zu Stande und ich befürchte, sie wird so bald nicht mehr kommen.
In dieser Publikation werden die wesentlichen Voraussetzungen, die meiner Meinung nach auch in Zukunft entscheidend sein werden, aufgelistet:

- Die Sozialen Sicherungssysteme, werden auf politischen Druck und durch Sparaufträge immer mehr Leute aus der Versicherung in die bedarfsorientierte Sozialhilfe drängen
- Die Integration in die Arbeitswelt wird immer weniger „ von selbst" geschehen, sondern braucht konzertierte Anstrengungen von Wirtschaft, Staat und Einzelnen

- Die Migration wird in der globalen Welt ganz einfach eine Realität sein, mit der wir klug und stadtverträglich umgehen lernen müssen

Wen wundert's, dass der Grundsatz: professionelle Sozialarbeit, unerlässlicher Erfolgsfaktor zur Erreichung dieser Ziele ist, meiner tiefen Überzeugung entspricht.

Fünf Jahrzehnte – fünf Etappen

Es ist etwas fahrlässig, fünfzig Jahre „einzuteilen". Es scheint mir aber tauglich aufzuzeigen, wie die fünf Jahrzehnte, die ich als aktive Sozialarbeiterin und Sozialpolitikerin erlebte, einen Wandel abbilden:

War es 1968 noch die obrigkeitliche/eingriffsstaatliche Fürsorge, die vorherrschend war, so kam in den 70er Jahren der Fürsorgestaat und in den 80er das Wohlfahrtsstaatliche Modell. Das prägte insbesondere ein neues Verständnis von Sozialhilfe. Viele kantonale Gesetze, so auch im Kanton Zürich, wurden neu geschrieben.

In den 90er Jahren wurde der Aktivierende Sozialstaat zum Modell und schliesslich prägte die Debatte um Missbrauch im ersten Jahrzehnt das sozialpolitische Klima. Es scheint, dass auch in dem Jahrzehnt von 2010 bis 2020 der Sozialstaat unter Druck bleibt.

Vereinfacht dargestellt ordne ich die Entwicklung ein:

- Bis 1970 obrigkeitlicher Staat
- 70-80 Fürsorgestaat
- 80-90 Wohlfahrtsstaat
- 90-2000 Aktivierender Sozialstaat
- 00-10 Misssbrauchsdebatte
- 10-20 Sozialstaat unter Druck

Selbstverständlich sind diese Entwicklungen eingebettet in die Entwicklungen der Wirtschaft, des Verständnisses vom Staat und vom politischen Klima.

In der philosophischen und historischen Literatur in Deutschland und in der Schweiz finden sich eine Fülle von Analysen und Reflexionen. Ich hatte 2008 in meiner Masterarbeit zum Abschluss des Studiums in angewandter Ethik Gelegenheit, einen kleinen Teil der neueren Literatur zu studieren, theoretisch zu verstehen, was ich im konkreten Alltag in meiner Berufsarbeit und später in meinem politischen Engagement erlebt hatte. Die Debatten, in Literatur, Fachkreisen und Politik gehen selbstverständlich weiter.

VISIONEN, IDEEN, STOLPERSTEINE

Ich erlebte fünf Jahrzehnte Sozialarbeit und Sozialpolitik und meine Erfahrungen halfen mir, Beobachtungen und Entwicklungen zu beurteilen. Selbstverständlich sind diese Beurteilungen immer subjektiv individuell. Einige musste ich natürlich in Arbeitsgruppen, Seminaren, strategischen Entwicklungsprozessen, in Institutionen debattieren, schärfen oder aber auch wieder revidieren. Ich erlaube mir hier einen bunten Strauss von Themen auszuführen, die in den letzten zehn Jahren meiner selbständigen Praxis immer wieder dringlich aufgeworfen wurden. Es sind Stichworte, Überlegungen, mehr kann es in diesem Lesebuch nicht sein. Selbstverständlich werden die Fragen an Ausbildungsstätten, in der Praxis und in den Organisationen ebenso debattiert. So dürfen sie hier von mir als „alte Kollegin" vorläufig bleiben. Ich freue mich über alle Dispute und Auseinandersetzungen, die weiterführen.

Verfassung, Gesetz, Richtlinien
In den letzten zehn Jahren entstanden viele Regulierungen zur Sozialhilfe und zu den Sozialversicherungen. Nicht alle sind hilfreich. Im Übereifer der angeheizten Stimmung zu Missbrauch wurden die Ebenen häufig total vermischt.

Sozialversicherungen – Sozialhilfe

Die Sozialen Fragen veränderten sich in den letzten fünfzig Jahren massiv. Diese Erkenntnis ist vielleicht banal, aber relevant.

1. Zu Beginn wollte und sollte der Sozialstaat **DIE LEBENSLAGEN, DIE ALLE TREFFEN** können, sichern und zwar solidarisch, d.h. was alle treffen kann, soll auch von allen mitgetragen werden. So entstanden die Alters- und Hinterbliebenenversicherung AHV und die Invalidenversicherung IV. Schon bei der Arbeitslosen- und Insolvenzentschädigungsversicherung AVIG war es deutlich, das betrifft nur die Lohnarbeitnehmer. Wer arbeitet, ohne einen Lohn zu beziehen, wie Hausfrauen und Selbständigerwerbende, ist nicht versichert. Man versichert also den Lohnausfall. Schliesslich wurde das auch für die 2. Säule zum Prinzip erklärt. Bei der Militärversicherung MV wurde selbstverständlich der Beitrag von allen, also auch den Frauen, erwartet. Bei der Mutterschaftsversicherung dauerte es unendlich lange, bis sich eine mehrheitsfähige Lösung fand.

2. **LEBENSLAGEN, DIE MENSCHEN INDIVIDUELL BETREFFEN** sollen in der Sozialhilfe aufgefangen werden. Die Ausgestaltung der individuellen Hilfe delegierte man an die Kantone und diese in der Regel an die Gemeinden. Das macht Sinn. Man ging davon aus, dass die individuellen Probleme von Menschen auch in „der Nähe" gelöst werden sollen, also dort, wo die Menschen leben und sich aufhalten. Die Sozialhilfe soll den individuellen Menschen in seiner Notlage auffangen und ihn durchtragen, bis er wieder Boden unter den Füssen hat, respektive sich selbst helfen kann.

3. Und heute? Da sind die **LEBENSLAGEN DURCHEINANDER GERATEN** und „verhandelbar":

- Ist psychische Erkrankung eine individuelle Notlage oder kann sie „jeden" treffen?

- Ist Erwerbslosigkeit, wenn sie lange dauert, eine individuelle Notlage oder kann sie alle treffen?

- Ist Scheidung eine „Lage", die jeden treffen kann (fast die Hälfte der Ehen wird geschieden) oder ist das eine individuelle Situation?

- Noch drastischer ist: sind Menschen, die nicht (mehr) fit im geistig mentalen oder im physisch psychischen Sinn sind, in einer individuellen Notsituation oder kann das jedem passieren?

- Ja selbst die Frage, ist Kinder haben, wenn man materiell nicht genügend gesichert ist, eine individuelle Notlage, die individuell zu verantworten ist oder eine Lage, die allen Frauen und Männern geschehen kann oder gar soll, steht immer wieder zur Disposition, wenn Familienarmut thematisiert wird

Die Fakten sind nicht mehr eindeutig, die früher klaren Zuständigkeiten sind ins Rutschen geraten. Die Nahtstelle zwischen den Sozialversicherungen und der Sozialhilfe ist zerrissen.

Wer fühlt sich zuständig bei
- Langzeitarbeitslosigkeit
- lang dauernden Erkrankungen
- psychischen Behinderungen mit unregelmässigem Verlauf
- Familiensituationen nach Scheidungen, unvollständigen Familien und Patchworkfamilien
- Suchterkrankungen mit bleibenden Schäden

um nur einige der häufigsten zu nennen? Sie belasten heute die Sozialhilfe und dadurch die Gemeinden. Es sind nicht vorübergehende Notlagen, wo mit individueller Unterstützung geholfen werden kann, sondern es sind „neue Lebenslagen" geworden, die dauern und wo eigentlich strukturelle Hilfen gefragt wären. Da der Ausbau und der Wandel des Sozialversicherungssystems blockiert ist, fallen diese Probleme voll und ganz auf die Sozialhilfe.

Recht auf... Anrecht auf...
Ich weiss nicht, auf wie vielen Podien ich im Laufe meiner Exekutivtätigkeit sass und die sozialstaatlichen Interventionen vertreten habe. Immer wieder kam der eine Moment, wo mich alle überzeugen wollten, das sei unnötig, der Markt, der zunehmende Wohlstand oder welche unsichtbare Hand auch immer, werde die Welt schon in Ordnung bringen oder aber das andere Dogma: jeder müsse halt selbst... In diesem Moment war es immer mal wieder wichtig, die Bundesverfassung zu zitieren:

Artikel 12 der Bundesverfassung:
WER IN NOT GERÄT UND NICHT IN DER LAGE IST, FÜR SICH ZU SORGEN, HAT ANSPRUCH AUF HILFE UND BETREUUNG UND AUF MITTEL, DIE FÜR EIN MENSCHENWÜRDIGES DASEIN UNERLÄSSLICH SIND.

Sozialhilfe ist im 21. Jahrhundert weder ein Repressionsapparat, noch ein Gnadenakt sondern ein Vertrag zwischen Bürgerinnen und Bürgern, die diesen beschlossen haben. Und somit müssen sie weder auf allen Vieren noch unter Hohngelächter aufs Sozialamt gehen; sie gehen als freie Bürger/innen, die ihr Recht beanspruchen. Dass sie alle unter Generalverdacht gestellt werden in der Öffentlichkeit, ist eine Grundrechtsverletzung.

Kein Rahmengesetz für die Sozialhilfe

Es gibt kein Rahmengesetz für die Sozialhilfe in der Schweiz und obwohl immer gefordert, wehren sich bis heute alle Ebenen, besonders die Kantone. Sie wollen in diesem Bereich selbst legiferieren und auch vollziehen. Das hatte zurzeit, als quasi die Integration in die Gemeinde für alle eine ehrenvolle Sache war und als jede Gemeinde stolz war für ihre Einwohnerinnen und Einwohner alles zu tun, eine gute Wirkung. Seit aber der Minimalstaat angesagt ist, der die Höhe des Steuerfusses zum alleinigen Richtwert macht, gibt es massive Ungerechtigkeit. Es werden längst nicht „alle Menschen gleich behandelt" in unserem Land. Die einen leben zufällig oder gewählt in einer Gemeinde, die sich bemüht, Chancen und Hilfe zu gewähren, andere haben das Pech in einer Gemeinde zu leben, wo sich auch Politiker/innen explizit für das Sozialressort melden, um dort „für Ordnung zu sorgen". Damit meinen sie, dass sie Armutsbetroffene schikanieren und ihnen rechtmässige Leistungen vorenthalten können. Es sei denn, diese würden „brav darum bitten". Es gibt zu denken, wenn ich höre, wie aufgeklärte Menschen, die sich bei allen Geschäften ihrer Rechte verwahren würden, wenn nur jemand eine private Frage stellen würde, sich über die Bezüger von Sozialhilfe auslassen. Da kommt tiefes, unaufgeklärtes Mittelalter zum Vorschein oder schlicht Arroganz oder noch schlimmer: Macht und Bosheit.

Was ist ein Existenzminimum?

Es gibt in der Schweiz mindestens sechs Definitionen zu den Existenzminima

- das Existenzminimum der Schweizerischen Konferenz für Sozialhilfe

- das Existenzminimum, auf das man die Leistungen für nicht kooperationswillige Sozialhilfebezügerinnen und -bezügern kürzt, was auch Null betragen kann

- das Existenzminimum, das man AHV-Rentnerinnen und -Rentnern gewährt, bevor sie staatliche Zusatzleistungen beziehen können

- das betreibungsrechtliche Existenzminimum

- das Existenzminimum, das man Asylsuchenden, die hier auf ihren Entscheid zum Bleiberecht warten, zugesteht

- das Existenzminimum, das abgewiesenen Asylbewerbern zusteht

Wenn der Begriff Existenzminimum einen Sinn haben soll, dann müsste er eigentlich für alle gleich sein. Sonst ist es nicht Existenz sichernd, sondern Willkür. Es bedeutet, dass ein Mensch andere Grundbedürfnisse hat, ob er in diesem oder jenem Alter, in diesem oder jenem Status, in diesem oder jenem Wohlverhalten eingeschätzt wird. Rechtsstaatlich ist das nicht!
Warum gelingt es nicht, in der Schweiz ein Existenzminimum festzulegen, das gilt und zwar unabhängig davon, ob ein Mensch in Genf oder in Romanshorn, ob er alt oder jung, ob er ein "Braver" oder ein "Schräger" ist? Für alle Menschen hat die Woche sieben und der Monat 30 oder 31 Tage.

Ein Minimum muss so festgelegt werden, dass es gilt. Für besondere Lebenssituationen könnten dann besondere Zusätze möglich sein. Wenn zum Beispiel Kinder zu versorgen sind, so ist doch darauf zu achten, dass sie durch die Lebenssituation der Eltern nicht bestraft werden.

Es gibt genügend objektive Kriterien: Der Warenkorb, wie er jeweils auch für den Konsumentenindex berechnet wird, hält fest, was an Grundnahrungsmitteln für einen Einpersonen-, Zweipersonen- und Mehrpersonenhaushalt verbraucht wird.

Ebenso werden die Hygiene- und Gesundheitskosten zugerechnet. Die Krankenkassenprämien werden seit Jahren separat berücksichtigt. Für das Existenzminimum der Sozialhilfe wird zudem jeweils ein Prozentsatz der Mindesteinkommen abgezogen. Das so errechnete Existenzminimum wurde lange Zeit zur sachbezogenen, objektiven Richtschnur der Schweizerischen Konferenz für Sozialhilfe (SKOS).

SKOS Richtlinien, vom Bonus- zum Malusprinzip

In den SKOS Richtlinien wurde bei der Revision 2004, die noch dem Geist des aktivierenden Sozialstaates verpflichtet war, klar festgehalten, dass der Mindestbedarf festgelegt wird. Allfällige Gegenleistungen und Zusatzauflagen sollen zu einer höheren Finanzentschädigung führen. Es ist also klar von einem Bonusprinzip ausgegangen worden, das die Emanzipation, die Eigenverantwortung stärken soll. Heute wird fast ausschliesslich nur noch nach dem Prinzip Malus gearbeitet: wer nicht kooperiert und wer die geforderte Arbeitsleistung nicht erbringt, dessen Leistungen werden gekürzt, eventuell ganz eingestellt. Die Kritik, dass Sozialhilfe mit Zwangsarbeit verbunden ist, ist nicht mehr von der Hand zu weisen. Arbeit nicht als emanzipatorischer Weg zu einem selbstbestimmten Leben sondern als Zwang, um sich ein Grundrecht zu „verdienen"? Wer entscheidet, wo Willkür beginnt? Das liegt oft in der Kompetenz des einzelnen Behördenmitglieds, eines Gemeindeschreibers oder auch einer Sozialarbeiterin.

Das Malussystem widerspricht allen professionellen Erkenntnissen und allen pädagogischen sowie agogischen Forschungen. Die Forderung nach Müssen motiviert nie, aus Zwang wird Drückebergertum, aus Befehl wird Umgehung. Heute wird vielerorts die Sozialhilfe zu einer minutiösen auf Misstrauen aufbauenden Befragung gemäss Checkliste und Schema F. Das führt zu akrobatischen Berechnungen, wo jeder Zusatzverdienst sofort kassiert wird, jedes Geschenk sofort verbucht wird, wie wenn es gerade zu Missbrauchszwecken erhalten worden wäre. Ob beabsichtigt oder nicht, es führt dazu, dass Menschen nicht mehr auf das Amt kommen: „Ich geh nicht mehr aufs Amt. Das lasse ich mit mir nicht machen". Solche Aussagen wurden manchmal zu mir weitergeleitet. Natürlich ermutige und verteidige ich meine Berufskolleginnen und -kollegen. Die neue Kultur der "Dropouts", die sich wegen des mangelnden Vertrauens in die Ämter zu bilden beginnt, ist insbesondere für die Zukunft der Städte keine gute Prognose.

Deshalb werden Organisationen gegründet, die den Betroffenen zur Durchsetzung ihrer minimalen Ansprüche verhelfen, und viele Rechtsmittel und Ombudsstellen müssen wieder versuchen ins Lot zu bringen, was von Verfassung und Gesetz richtig ist, aber dem Zeitgeist geopfert werden soll.

Der Kampf um die Steuern
Eine weitere Debatte, die die letzten Jahre prägt, ist der Kampf um möglichst niedrige Steuern.

In all den Jahren, als Nationalrätin, als Stadträtin, hörte ich immer wieder, wie notwendig es sei, dass wir niedrige Steuern haben, sonst würde die Wirtschaft unsere Stadt resp. unser Land verlassen. Das führte zu einem unsinnigen Wettbewerb über die Höhe der Steueransätze in unserem kleinräumigen Land.

Ich erinnere mich an eine der ersten Sitzungen 1988 im Nationalrat als der damalige Finanzminister Otto Stich die Papierfahne, also die Vorlage mit allen Anträgen, hochhielt. Sie überragte seine körperliche Grösse. Sein Kommentar: "Meine Damen und Herren, das ist keine Politik, das ist Zechprellerei. Sie können nicht bestellen ohne zu bezahlen."

Wie Recht er doch hatte, so kam es mir immer wieder in den späteren Jahren in den Sinn. Dass die Menschen aus dem

Kanton Zug auch gern das Opernhaus in Zürich besuchen, dass die Menschen aus Bern auch „unseren" Flughafen mit seinem Ausbaustandard und seinem Komfort brauchen, dass die Zürcher Spitäler für Auszubildende der ganzen Deutschschweiz eine Lernwerkstatt auf höchstem Niveau sind, all das wird bei den Steuerratings unter den Tisch gewischt.

Ich war oft – damals gehörte die Sozialvorsteherin bei den wichtigen Gesprächen dazu – mit dabei, wenn Standortmarketinggespräche geführt wurden. Gerade die angelsächsischen Firmen waren immer äusserst erstaunt, dass es so etwas wie Zürich gibt: eine sichere, saubere Grossstadt.

Ihre erste Frage: "Wie viele Morde haben Sie pro Tag?" war für uns so fremd, aber offenbar in ihren Herkunftsorten ein wichtiges Rating. Die Antwort konnten wir guten Gewissens geben: ein bis zwei pro Jahr. Das konnten die Fragenden nun wieder nicht glauben.

Dass es bei uns Kulturinstitute, Hochschulen, Spitäler und einen öffentlichen Verkehr (ÖV) gibt, die wirklich funktionieren, machte sie schon fast euphorisch. Als man dann über Steuern sprach, kam immer die Frage: Und was kommt noch als weitere Abgabe dazu? Ich hörte es nie, dass jemand sagte, das ist total überrissen. Sie waren beeindruckt. Für sie stimmte die Gegenleistung zu hundert Prozent. Später waren es immer die Sicherheitsfragen, und zwar auch die sozialen Sicherheitsfragen, die angesprochen wurden: Obdachlosigkeit, Drogen, sichere Schulen…

Wenn wir heute sehen, wie die Städte in den USA kaputt gehen, wie die Infrastrukturen zusammenkrachen, wie ein Heer von obdachlosen Menschen zum Teil neben ihren Häusern, deren Hypothekarzins sie nicht mehr bezahlen können, campieren, wenn wir hören, dass alle, die es sich irgendwie leisten können, ihre Kinder in private oder mindestens halbprivat, gesicherte Schulen bringen, dann können wir erahnen, wie sehr wir im Paradies leben. Wer hat denn ein Interesse, dieses zu zerstören? Und warum? Das Geld allein kann es ja nicht sein, es ist vorhanden. Ist es eine Ideologie?

DIE DISKREDITIERUNG DES STAATES UND SEINER LEISTUNGEN IST OFT GROTESK.

Vor-Urteile

In den letzten zehn Jahren kristallisierten sich Vor-Urteile heraus, die – je öfter sie wiederholt werden – umso glaubwürdiger scheinen. Auch wenn sie durch keine Fakten unterlegt werden können.

Es findet jeder Arbeit

Die Erfahrung zeigt, dass heute der Arbeitsmarkt gnadenlos selektioniert und desintegriert. Wer nicht ununterbrochen tüchtig, gut qualifiziert und mobil ist, fällt raus. Natürlich gibt es da und dort noch Nischen. Doch häufig werden die Leute dafür gerade mit der Begründung „zu qualifiziert" abgewiesen.

Es kann jede/r, wenn er/sie nur will

Tatsache ist, dass lineare Kürzungen, pauschale Entlassungen, sture Restrukturierungen, Menschen ohne Ansehen ihrer Lebenssituation, ihres Leistungswillens und -vermögens eliminieren. Burn out und die Volkskrankheit Depression führen auch oft dazu, dass „man nicht mehr kann" und zwar auch nicht mehr „wollen kann". Auch die Publikationen prominenter Patienten, die schildern, wie sie ihr Fallen erlebt haben, tragen nicht zum besseren Verständnis bei. Was nicht sein darf, gibt es nicht.

Die soziale Hängematte verführt

Alle Erfahrungen zeigen, dass Menschen in der Regel um ihren Platz in der Gesellschaft, um Ansehen, um Selbständigkeit und Autonomie kämpfen. Dass die berühmte Hängematte das Lebensziel vieler sei, ist eine unhaltbare Ideologie. Erst wenn viele Enttäuschungen, Kränkungen, Verletzungen sich anhäufen, dann lässt man sich fallen.

Warum sich diese Vor-Urteile epidemisch verbreiten, muss verschiedene Gründe haben. Es kann auch eine Entlastungsfunktion für mein Gewissen sein. Wenn wir in der reichen Schweiz hören, dass es Armutsbetroffene gibt, also etwas nicht so toll ist, wie wir es gern glauben, dann muss das Gründe haben, die sicher nicht bei mir, dem tüchtigen, dem fitten Schweizer (Mann) liegen. Sie sind ganz einfach selber schuld. So kann ich mich auch von jeder Verantwortung und jedem Mitgefühl distanzieren. Es ist nicht „meine" Sache. Erfahrungsgemäss genau so lange bis es mich selbst oder jemanden, der mir nahe steht, trifft. Dann tönt es ganz anders: warum macht denn niemand etwas... warum ist das nicht versichert... warum gibt es dafür keine Unterstützung... warum hilft denn niemand....?

Privat und Staat – eine Symbiose in der Schweiz seit je
In der Geschichte der Sozialen Hilfe waren es zuerst Kirchen, später dann gemeinnützige Patrons, die mit privaten Initiativen grosse Werke schufen. Gerade die Kirchen waren zu allen Zeiten einer Caritas, einer Diakonie verpflichtet, die zur Gründung vieler Einrichtungen führte: Spitäler, Hospize und auch Beratungs- und Hilfestellen. Die Entwicklung der heutigen Nichtregierungsorganisationen, NGOs genannten Unternehmen, hat je ihre eigene Geschichte. Sie mussten sich immer wieder dem Zeitgeist, den finanziellen Möglichkeiten und den Dringlichkeiten der Probleme anpassen. Mit der Entwicklung der modernen Schweiz ab 1848 war denn auch eine neues Kapitel aufgetan: immer öfter wurde den konfessionell oder traditionell wertbestimmten Einrichtungen die Idee der Gemeinnützigkeit, des Gemeinwohls gegenübergestellt. So erstaunt es denn nicht, dass zu Beginn des 20. Jahrhunderts die bis heute vertrauten und stark en-

gagierten Stiftungen Pro Juventute, Pro Infirmis und Pro Senectute gegründet wurden. Die Geschichte gerade dieser Organisationen zeigt, dass es typisch schweizerische Gebilde wurden, mit enger Involvierung von Bund und Kantonen.

In der Stadt Zürich – als grosse Stadt und gut erreichbar – waren denn auch viele der grossen NGOs beheimatet und aktiv. Das entlastete einerseits die staatlichen Einrichtungen und schuf ein Netz, mit dem viele Probleme aufgefangen und bearbeitet werden konnten. Selbstverständlich konnten all diese Organisationen nicht allein von Spendengeldern leben. Sie wurden durch den Staat subventioniert.

Für Zürich war das manchmal nicht mehr zu überblicken und es wurde immer deutlicher, dass lineare Sparmassnahmen auch keine Lösung sind. Wenn aber die Gelder quasi schon „für immer" verteilt sind, gibt es kaum Innovationen. So kam auch mit dem Gedanken des „PPP", die Selbstverständlichkeit in die Beziehungen Staat – Privat: es wird nicht generell subventioniert sondern es werden Leistungen abgerufen und dafür bezahlt.

Dass der Anspruch auf finanzielle Mittel auch am Volumen der Leistung gemessen und Qualitätskriterien formuliert werden, war in den 90er Jahren noch ziemlich ungewohnt. Das war ein Kulturwandel für beide Seiten. Das sogenannte Kontraktmanagement, das im Sozialdepartement für die Beziehungen zu den NGOs verantwortlich war, hatte viel zu tun an Schulung in diesem leistungsorientierten Denken, am gegenseitigen Verstehen, was wie viel kostet oder eben nicht in Franken und Rappen zu bemessen ist. Schliesslich waren sich alle bewusst, es musste eine politische Akzeptanz geschaffen werden. Ich schuf mir da viele Feinde, wenn ich statt einfach zu loben, dass „man Gutes tut", Transparenz und Leistungsvolumen einforderte.

Die Leistungsverträge, die in der Regel für drei Jahre abgeschlossen wurden, mussten vom Stadtrat, von der Fachkommission und dem Parlament genehmigt werden. Je sensibler das Anliegen einer Vorlage war, desto eher musste mit heftigen Kämpfen im Parlament und natürlich zunehmend mit populistischen Kampagnen in der Öffentlichkeit gerechnet werden.

> Die berühmten 40 000 Franken für einen Treffpunkt für Kosovarische Migrant/inn/en wurde in der Volksabstimmung (die ja ein Vielfaches kostete) nieder gemacht mit dem Slogan: "Kein Geld für Koranschulen". Ich schämte mich für dieses Ergebnis in „meiner so liberalen, weltoffenen Stadt".

Mit der Evaluation der Leistungsvereinbarungen, die alle drei Jahre stattfand, konnte in einem guten Rhythmus gearbeitet und Neues entwickelt werden. Sowohl im privaten Netzwerk wie im staatlichen wurden aber immer schnellere Veränderungen und komplexere Problemstellungen zur Herausforderung.

Das Steuerungsmodell der staatlichen Mittel für die privaten Leistungserbringer ist in der Geschichte der Schweiz verankert und bewährt sich. Ich bedaure, dass heute die Arbeit vieler NGOs in vielen Stunden Fundraising besteht; diese Ressourcen fehlen ja dann für die tatsächliche Leistungserbringung. Für die Grundlage guter Projekte und fachlicher Qualität ist eine Grundfinanzierung Voraussetzung und zwar eine, wo man mit drei bis fünf Jahren Sicherheit rechnen kann.

> Heute ist es üblich, dass Stiftungen sagen: Wir finanzieren Projekte, aber keine Grundausstattung und der Staat sagt, auf Druck des Parlaments und der Sparpolitik, das Gleiche. Schade, wenn so Innovationen gar nicht mehr versucht werden und die NGOs zu spektakulären Projekten wie nach

einem Strohfeuer greifen müssen, damit sie im Fokus der Finanzgeber stehen.

Die kontinuierliche, nachhaltige Aufbauarbeit kommt unter die Räder. Ich bin überzeugt, wir werden diese Leistung eines Tages sehr vermissen.

Der Wettbewerb nach unten
Der Start zum Wettbewerb nach unten lässt sich nicht ganz genau datieren. In meiner Erinnerung geschah es im Gemeinderat der Stadt Zürich während der Budgetdebatte 2001. Es wurden Anträge gestellt, dieses oder jenes aus dem Budget der Sozialhilfe zu streichen. Damals trug die Allianz zur Sozialhilfe der bürgerlichen Parteien FDP und CVP doch noch. Der Vizepräsident der Sozialbehörde, der zugleich Fraktionschef der Freisinnigen Partei (FDP) war, rechnete klar und deutlich vor, was eine verlässliche Sozialhilfe mit einem Minimum, das mehr „als Wasser und Brot" bedeutet, letztlich für die Volkswirtschaft und die soziale Sicherheit in der Stadt nützt.

Der Stein von ultra-rechts kam aber ins Rollen und das ist weniger Politik als Physik. Wenn eine Kugel auf der schiefen Ebene nicht rechtzeitig aufgehalten werden kann, so ist das Rollen nicht mehr zu stoppen. Heute sind wir bei einem unheilvollen Wettbewerb in den Kantonen und Gemeinden angelangt: Wer ist sparsamer, wer ist härter, ja manchmal scheint es mir auch: wer ist „böser" (in der Argumentation kommen durchaus moralische Kategorien zum Tragen) bei den Sparübungen in der Sozialhilfe. Dieser unselige Wettbewerb nach unten ist verfassungswidrig (Art. 12 BV) und menschenrechtswidrig (alle Menschen sind gleich). Er verunmöglicht der Sozialarbeit auch professionelles Handeln. Mir scheint, genau das möchte man erreichen. Sozialhilfe wieder als obrigkeitlichen Gnadenakt, der je nach Wohlverhalten zu gewähren oder zu verweigern ist.

Die These, dass alle für sich selbst sorgen können, wird besonders häufig und laut auch von jenen verkündet, die überall Arbeitsplätze abbauen. Der Abbau der Arbeitsplätze geschieht nicht, weil Firmen ins Ausland wegen zu hoher Steuern ziehen, sondern weil hier Firmen ihre Gewinne steigern wollen. Diese ökonomistische Sichtweise ist keine Naturgewalt, als die sie manchmal deklariert wird, sie ist gewollt.

Ich erinnere mich an eine Begebenheit, als wir im Stadtrat einen Kredit von mehreren Millionen Franken für die Automatisierung der Strassenreinigung beschliessen mussten. Ich erlaubte mir zu sagen, dass dies für einige hundert Menschen, Strassenwischer z.B. Arbeitslosigkeit bedeutet. Natürlich weiss ich, dass das Strassenwischen nun auch nicht der sinnerfüllenste Job der Welt ist. Aber er bot vielen nicht qualifizierten, nicht hundertprozentig leistungsfähigen Menschen eine Möglichkeit, im „Gwändli" der Stadt, sich mit einem grossen Besen Respekt zu verschaffen. Ich erinnere mich an eine sehr engagierte Frau, mit der ich mich immer mal wieder unterhielt, wenn ich sie antraf. Sie leistete ab und zu „Dienst" um den Paradeplatz herum. Sie war total stolz auf ihren Job und zufrieden, wie sie mir erklärte. Für sie und all die andern gab es ein anständiges Minimaleinkommen und eine Sozialversicherung für ihr Alter.

Das ist nur ein kleines Beispiel, es gibt inzwischen Tausende solcher wegrationalisierter Jobs. Aber wir tun so, als ob jeder mit Bildung und Anstrengung Arbeit erhalten wird,... das wird er nicht (mehr). Insbesondere auch, weil wir die „Scheissarbeit", wie Ina Praetorius[13] das ja provokativ nennt, privatisieren oder einfach nicht zu Kenntnis nehmen, dass sie getan werden muss. Einem hochaltrigen Menschen die notwendige gute Pflege zu gewähren, das wird als zu teuer und „nicht produktiv" angesehen. Die Wachstumsbranche, die sich hier abzeichnet, wird als Bedrohung erlebt, weil sich hier kaum oder gar kein Gewinn machen lässt. Der „Gewinn" liegt auf einer ganz anderen Ebene, nämlich der Fürsorge, der Zuwendung, der Zeit, die man jemandem widmet und der Würde, die man auf alle Fälle gewähren will. Das betrifft alle Menschen, ob reich oder arm und es gilt, sich dafür einzusetzen, dass alle genau das erfahren können.

Rechte und Pflichten

In meiner Masterarbeit zum Studium in angewandter Ethik hatte ich die Gelegenheit, die Sozialhilfe nochmals in Ruhe zu analysieren und zu durchdenken. Basierend auf dem Grundrecht der Existenzsicherung in der Sozialhilfe (Titel meiner Masterarbeit) analysierte ich die Bundesverfassung, die Verfassung des Kantons Zürich und die Richtlinien der SKOS. In allen Legiferierungen steht nicht nur die Existenzsicherung im wirtschaftlichen Sinn festgeschrieben sondern auch der Auftrag, der Person wieder zu einem selbstbestimmten Leben zu verhelfen. Das kann je unterschiedlich umschrieben werden. Am häufigsten und bekanntesten ist die Hilfe zur Selbsthilfe.

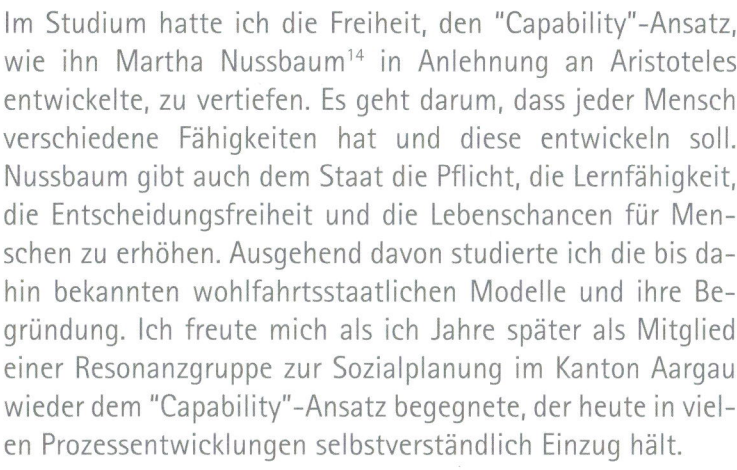

Im Studium hatte ich die Freiheit, den "Capability"-Ansatz, wie ihn Martha Nussbaum[14] in Anlehnung an Aristoteles entwickelte, zu vertiefen. Es geht darum, dass jeder Mensch verschiedene Fähigkeiten hat und diese entwickeln soll. Nussbaum gibt auch dem Staat die Pflicht, die Lernfähigkeit, die Entscheidungsfreiheit und die Lebenschancen für Menschen zu erhöhen. Ausgehend davon studierte ich die bis dahin bekannten wohlfahrtsstaatlichen Modelle und ihre Begründung. Ich freute mich als ich Jahre später als Mitglied einer Resonanzgruppe zur Sozialplanung im Kanton Aargau wieder dem "Capability"-Ansatz begegnete, der heute in vielen Prozessentwicklungen selbstverständlich Einzug hält.

Wenn wir heute in der Auseinandersetzung: Was ist Pflicht des Staates und was ist Pflicht des Einzelnen, alle Aspekte in Erwägung ziehen, zeigt es sich, dass es ein gemeinsames

Interesse gibt. Die Person erreicht wieder wirtschaftliche Existenzsicherung durch Lohnarbeit oder, allenfalls gemäss unserem System, durch eine Invalidenrente. Da die Rente die Ultima Ratio sein sollte, insbesondere bei jungen und jüngeren Menschen, ist es im Interesse aller, dass die Entwicklung von Fähigkeiten und das Unterstützen im Prozess auf die nachhaltige Unabhängigkeit hin, erfolgt. Wenn heute zunehmend plädiert wird, dass Eigenverantwortung allein die Richtschnur sei, so entspricht das nicht den verfassungsmässigen Aufträgen und den Gesetzen und Richtlinien. Selbstverständlich ist Eigenverantwortung an erster Stelle, doch subsidiär muss der Staat diese ermöglichen und stärken. Rechte beinhalten auch Verfahrensrechte[15], mindestens in einem Rechtsstaat. Drohen, sanktionieren, lächerlich machen und an den Pranger stellen, gehören definitiv nicht zu dem Kontrakt, der letztlich zwischen Staat und Bürger/in besteht.

Wer Sozialhilfe bezieht, hat Pflichten:

- Mitwirkungspflicht,
- Schadenbegrenzung anstreben,
- Auflagen und Weisungen nach Möglichkeit beachten und wenn er später zu (viel) Geld kommt, Rückerstattung leisten, selbstverständlich auch bei missbräuchlich bezogener Leistung

Bei aller Regulierung – und Sozialhilfe ist entgegen der oft verbreiteten Meinung – ein sehr stark regulierter Bereich, besteht aber in allem Verwaltungshandeln auch Ermessen. Dieses Ermessen muss sich fachlich legitimieren lassen, soll es nicht zu Willkür und ungerechtem Handeln führen.

Wie immer in einem Studium hat man die Freiheit, sich mit neuer Fachliteratur zu befassen, was ja im alltäglichen Aufgabenportfolio viel zu kurz kommt. So vertiefte ich mich insbesondere in zwei Dissertationen, die sich mit der

Entwicklung der Sozialhilfe, des Sozialstaates überhaupt befassten. Zwei Kollegen, natürlich wesentlich jünger als ich, hatten für mich sehr aufschlussreiche Arbeiten geschrieben:

Raymond Caduff[16]: Schweizer Sozialhilfe auf dem Prüfstand, eine kritische Analyse aus sozialethischer Perspektive, die 2007 erschienen ist

und von

Thomas Roth[17]: Soziale Arbeit im Spannungsfeld zwischen Integration und sozialer Kontrolle am Beispiel des sozialen Integrationsauftrages der öffentlichen Sozialdienste, die 2008 erschienen ist.

Während Caduff die asymmetrische Gerechtigkeit, die sich immer im Verhältnis von Abhängigkeit, vom Geben und Nehmen einstellt, reflektiert, ist es bei Thomas Roth dann vor allem eine Liste von Anforderungen, die er an eine zukunftsfähige moderne Sozialhilfe-Praxis richtet:

1. Sicherung der materiellen Grundsicherung
2. unentgeltliche Rechtshilfe statt langfristiger Zwangsberatung
3. offene Information und sozialarbeiterische Erstberatung
4. Zurückhaltung bei der Information über Verpflichtungen und Sanktionsmöglichkeiten
5. Umwandlung von länger dauernder Sozialhilfeunterstützung in eine Sozialversicherungsleistung mit Rechtsanspruch
6. Sozialberatung als langfristige Integrationsberatung
7. Integrationsangebote statt Gegenleistungsdiskurs
8. Sekundärer Arbeitsmarkt als gesellschaftliches Innovationspotenzial.

Raymond Caduff konnte ich gegen Ende meiner Amtszeit für eine Tagung mit meinen Direktoren einladen. Das Referat und die anschliessende Diskussion zeigten, bei welchem Dilemma wir Position zu beziehen haben. Thomas Roth ist bis heute ein sehr genauer Beobachter der Sozialhilfepraxis. Er stösst allerdings mit seinen Überlegungen auf viele Widerstände. Die heutige aufgeheizte und verengte Sichtweise trübt oft den Blick auf die Zukunft.

In der Fachliteratur ausserhalb der Schweiz ist natürlich Deutschland ein wichtiger Wegweiser. Hier studierte ich vor allem Schriften von Wolfgang Merkel[18], der in einem Aufsatz: "Soziale Gerechtigkeit und die drei Welten des Wohlfahrtskapitalismus" schonungslos und nüchtern analysiert, wo Deutschland 2008 steht. Er fordert, dass trotz aller Kritik die Verteilgerechtigkeit (nach Rawls) Ausgangspunkt und Ziel der Sozialpolitik sein müsse, nämlich:

- Vermeidung von Armut
- Gewährung von Bildung und Ausbildung
- Inklusion in den Arbeitsmarkt
- Sozialstaatliche Sicherungsstandards
- Einkommens- und Vermögensverteilung nicht zu sehr spreizen

Er ist überzeugt, dass diese Grundforderungen beibehalten werden müssen und können, wenn die Bürger/innen glauben können,

- dass das politische Programm fair ist
- dass "free riding" gering gehalten werden kann
- die Implementierung der Massnahmen nicht diskriminierend sind

und er verlangt

- dass die sozialstaatlichen Leistungen leicht zugänglich sein müssen
- sie müssen eine gute Qualität haben und
- sie müssen einen glaubhaften Versicherungsschutz für die Wechselfälle des Lebens bieten

2007 erschien das Buch: "Zu wenig, Dimensionen der Armut"[19], herausgegeben von Barbara Bleisch und Ursula Renz. Ich konnte darin ein Kapitel schreiben und hielt fest, was ich auch am Schluss meiner Masterarbeit formulierte: „Menschenrechte und Menschenpflichten sind universal gültig; billiger ist im Moment Zukunft nicht zu haben!" Diese These wird uns im ganzen 21. Jahrhundert beschäftigen, insbesondere auch zur Bewältigung der globalisierten Welt mit der ungerechten Verteilung von Chancen und Reichtum und der daraus folgenden Wanderungsbewegungen.

EDV

Für die heutigen Leser/innen mag es total unverständlich sein, dass der EDV ein Kapitel gewidmet ist. Tatsächlich aber war die EDV ein Schlüssel, ohne den die alltäglichen aktuellen Probleme nicht bewältigt werden könnten. Zuerst aber war sie selbst das Problem.

Meine Vorgängerin weigerte sich standhaft, irgendwelche elektronischen Hilfen im Amt einzuführen. So standen wir 1994 bürotechnisch buchstäblich noch im Steinzeitalter. Die Quittungen der Klientinnen und Klienten wurden mit Strichleim auf A4 Blätter geklebt und in den Falldossiers abgelegt. Ich verstand die Welt nicht mehr. Also gab es als erstes ein grosses EDV-Projekt, CASW (Computer Assisted Social Work). Sowohl Hardware musste angeschafft und Software auf die besonderen Bedürfnisse, vorerst der Einzelhilfe – das grösste Mengengeschäft, – entwickelt werden. Selbstverständlich mussten alle Mitarbeiterinnen und Mitarbeiter geschult und in der Anwendung der neuen Technik trainiert werden. Das lässt sich heute so leicht in einem Satz sagen. Damals schien es, als ob man den Üetliberg mit einem Kaffeelöffel abzutragen beginnt. Es gab Widerstände, es gab Boykott, aber auch bei vielen das erlösende „endlich". Ich erhielt sowohl vom Stadtrat wie vom Parlament schnell grünes Licht. Das war keine Selbstverständlichkeit, denn in einem so grossen Amt sind damit erhebliche Kosten verbunden. Es war nur der erste Schritt, das war mir auch als Laie bewusst. Die Entwicklung würde von uns noch viele weitergehende Schritte verlangen. Doch zuerst musste im Hauptgeschäft die erwartete Entlastung eintreffen, dann konnte man weitere Schritte planen. Ich bekam viel Hilfe auch aus der gesamtstädtischen Organisations- und Informatikabteilung (OIZ) und von der Finanzkontrolle. Ein solches Projekt läuft Gefahr zu überborden, schon viel Wünschbares einzukaufen, bevor das Notwendige sich in der Praxis bewährt hat.

Viel später, zwei IT-Generationen lagen dazwischen, gab es Schlagzeilen zu IT-Problemen im Sozialdepartement, die unendlich hohe Kosten verursacht hätten. Man weiss es von allen Verwaltungsabteilungen auf Bundes-, Kantons- und Kommunenebene: Die politischen Vorgesetzten müssen die Verantwortung übernehmen für diese gigantischen Projekte, die sie selbst gar nicht steuern können. Ich war mir dessen bewusst und hatte vorgesorgt.

1. Die analytische Beschreibung der IT-Fragen, für die eine Lösung gewünscht wurde, setzten interne und externe Fachleuten der IT und der Sozialhilfe gemeinsam auf.

2. Nach allen Regeln der Kunst wurde eine Gatt-WTO Ausschreibung gemacht, die von den Informatikfachleuten des Stadtrats und des Sozialdepartements erarbeitet wurde.

3. Die Eingaben wurden – wie üblich – vom Informatikausschuss (IA) des Stadtrates geprüft, dem aus internen und externen Fachleuten bestückten Fachgremium für die Informatikstrategie der Stadt Zürich.

4. Die Auswahl der Firma und das Aufsetzen des Vertrags geschah ebenfalls über diese Fachleute.

5. Der Stadtrat genehmigte den gemeinsamen Antrag des IAs und Sozialdepartements.

6. Der einzige Einfluss für mich bestand in der Zusammensetzung der Projektleitung. Um einer sorgfältigen Entwicklung genügend Beachtung zu geben, stellte ich drei Bedingungen:

> a. Ich bestand darauf, dass ein hochrangiger Vertreter der OIZ im Projektausschuss Einsitz nimmt. Angesichts des grossen Projekts bewilligte der Finanzvorstand, dass der Vizedirektor persönlich Einsitz nimmt.
>
> b. Ich verlangte, dass ein Mitglied der Finanzkontrolle Einsitz nimmt.
>
> c. Ich forderte, dass ein externer, professioneller Controller Einsitz nimmt.

7. Mir, wie auch der Geschäftsleitung des Sozialdepartements, wurde regelmässig von der Projektleitung berichtet. Letztmals vor meiner Pensionierung im Juli 2008. Der Bericht lautete: Wir sind an der Umsetzung, das System hat Kinderkrankheiten und muss da und dort nachgerüstet werden, das bedeutet Stress, ist aber möglich. Diesen Bericht gab ich meinem Nachfolger weiter.

Heute kann man wohl lächeln über die Aufregungen zur EDV. Sie sind Alltag geworden. In den 90er Jahren waren sie es ganz und gar nicht. Ich erwähne die EDV Probleme hier so ausführlich, weil sie für die professionelle Sozialarbeit in der öffentlichen wie in den privaten Werken auch heute einen grossen Stellenwert einnehmen. Die professionelle Sozialarbeit kommt ohne EDV gestützte Administration nicht mehr aus; inzwischen ist deren Anwendung weitgehend standardisiert und eben „alltäglich". Aber nicht alles lässt sich standardisieren und unsere Profession muss auf Individualisierung und Ermessen bestehen. Dafür gibt es meines Wissens auch heute noch kein Computerprogramm, da muss der „gesunde Menschenverstand" nach wir vor die Verantwortung tragen.

Die kleine – die grosse Welt

Während meiner Arbeit in der Exekutive war es für mich unerlässlich, immer wieder über den „städtischen Gartenzaun" hinaus zu blicken. Die grossen Zusammenhänge, die Weltpolitik – sie prägen auch unsere kleinräumige Welt – ob wir es wahrhaben wollen oder nicht. Besonders deutlich war das durch den Balkankrieg geworden. In unserer unmittelbaren Nachbarschaft wird 45 Jahre nach dem 2. Weltkrieg wieder Völkermord begangen, werden Frauen serienmässig vergewaltigt und Lebensgrundlagen für Jahrzehnte zerstört.

Und die Welt draussen?

Ob es an den 68er Jahren liegt oder im Selbstverständnis unserer Profession, viele Sozialarbeiterinnen und Sozialarbeiter engagieren sich auch ausserhalb ihres Berufs für Projekte, Organisationen, Visionen.

Für mich waren das die Frauen- und die Friedensfragen und deshalb ist es nur natürlich, dass ich beim Projekt „1000 Frauen für den Friedensnobelpreis" einstieg und mitgearbeitet hatte. Die Idee war in einem kleinen Freundinnenkreis entstanden. Warum bekommen eigentlich immer Männer den Nobelpreis und zwar manchmal solche, die nach unserer Einschätzung weit weg von „Frieden", wie wir ihn verstehen, agieren. Meine Freundin meinte: "Eigentlich müssten 1 000

Frauen einmal den Nobelpreis erhalten". Gesagt, und ja nach einigem Hin und Her, angepackt und getan. Wir konnten in allen fünf Kontinenten hunderte von Frauen ausmachen, die auf ganz besondere Art für die Anliegen einer friedlichen und gerechten Welt eingestanden sind. Am Schluss war die Liste von 1 000 Frauen mit Kurzbiografie geboren und konnte mit der Unterstützung unserer damaligen Aussenministerin beim Friedensnobelpreiskomitee eingereicht werden.

Am 8. Oktober 2005 hätte der grosse Tag sein können. Tatsächlich bekam die Internationale Energieagentur (IAEA) den Nobelpreis. Unsere Enttäuschung war natürlich gross, auch wenn wir wussten, dass unsere Idee schlichtweg das Komitee überforderte. Aus dem Projekt aber ist eine weltweite Bewegung entstanden, ein wichtiges Netzwerk für Frauen in Friedensprozessen. Das gibt Stärke und schützt oft vor Verfolgung. Für die UNO sind die "peace women across the globe" (PWAG)[20] auch ein unerlässlicher Ansprechpartner zur Umsetzung der Konvention 1325, die verlangt, dass bei Friedensverhandlungen immer auch Frauen mit dabei sein müssen. Das Netzwerk PWAG war für mich während meiner harten Zeit im Sozialdepartement ein Energiespender. In den oft kleinlichen Paragraphen-Debatten, wo ich am Verzweifeln war über Engherzigkeit und Sturheit, spendete mir ein Blick in dieses umfassende Kompendium "mutiger Frauen", Energie. Was waren meine Sorgen gegenüber der Blutrachearbeit in Rumänien oder der Standhaftigkeit von Philippininnen gegen die Terroristen oder den Friedenvermittlerinnen in den südamerikanischen Befreiungskämpfen? Wer in Nigeria von jeder Frau tausend Bäume pflanzen lassen will, hat für mich und meine Alltagssorgen wohl nur ein herzhaftes Lachen übrig. So war es dann auch an unseren jährlichen Treffen. Ich wurde von der Mama aus Afrika ins Herz geschlossen und an ihren grossen Busen gedrückt, das gab Kraft wieder für viele Monate. Ich würde also allen exponierten Frauen empfehlen, sich eine grosse Vision als Spiegel zu nehmen. Das gibt zwar viel Arbeit, aber noch mehr Energie. Geblieben ist die Ausstellung, die schon dutzende Male überall in der Welt gezeigt wurde.

2005 veranstalteten wir, im EWZ Unterwerk in Zürich, eine Ausstellung des Projektes „1 000 Frauen". Eine einfache Installation mit je einem Foto der 1 000 Frauen ergab ein Meer von Gesichtern. Kurz vor der Eröffnung ging ich einen Moment allein in den Saal. Ich spürte auf einmal eine unendliche Energie. Es war ein fast mystisches Erlebnis. All diese Frauen, ihr Leben, ihr Wirken, ihr Leiden waren da und füllten den Raum und mein Herz. Ich wusste plötzlich, das ist ganz einfach gut, ein Wunder, an dem ich teilhaben darf.

Inzwischen ist die Ausstellung rund um die Welt gereist, sie wurde auch am UNO Sitz in New York gezeigt. Die Organisation „peace women across the globe" ist ein Meisterinnenstück, wo etwas im Kleinen, Privaten begonnen hat, und Kreise zieht, immer weiter, immer mehr. Zurückholen lässt sich das nicht – zum Glück!

Und die Zukunft?
Manchmal wünsche ich mir, den Vorhang zur Zukunft ein wenig anheben zu können. Aber es geht nicht und ist wohl gut so. Was ich mir aber jetzt für die nächsten Jahre vorstelle, ist nicht sehr optimistisch. Das mag am Alter liegen, an den Kräften, die nicht mehr unendlich sind oder woran auch immer.

FÜR DIE SOZIALARBEIT ALS PROFESSION BIN ICH ZUVERSICHTLICH

. Ich glaube, sie wird es schaffen, zwischen Anpassung und Widerstand ihre Arbeit als Vermittlerin, Problemlöserin und als Troubleshooter zu rechtfertigen. Ob es mit Leidenschaft und Herzblut geschehen wird oder eher technokratisch, funktional, weiss ich nicht. Die jungen Kolleginnen und Kollegen sind sicher gut ausgebildet und gerüstet für ihre Arbeit.

Sie werden wohl neben den traditionellen Problemen wie Armutsbekämpfung, Jugendhilfe und Schutzmassnahmen viele kollektive Problemlösungsstrategien erarbeiten und durchsetzen müssen.

Das Thema Migration, interkulturelles Zusammenleben, die soziale Sicherheit mit abnehmender Lohnarbeit, die demografischen Entwicklungen, um nur einige zu nennen, werden Strategien verlangen, die wir heute noch gar nicht entwickelt haben. Methodisch wird wohl eher die Tendenz zu Gemeinwesen und Grosssystemen gehen müssen, als zur individuellen Hilfe. Dort, so könnte ich mir vorstellen, wird eher eine Deprofessionalisierung eintreten. Je mehr Zwangsmassnahmen die staatliche Sozialhilfe bestimmen, desto weniger individuelle kreative Möglichkeiten zur Selbsthilfe wird es geben. Eine Checkliste zur Kontrolle muss nicht von einem Hochschulabsolvent oder einer diplomierten Fachfrau abgearbeitet werden.

Dafür stelle ich mir vor, dass es viele kreative Jobs in zivilgesellschaftlichen Projekten geben wird. Kirchen, NGOs und aktive Bürger/innen-Bewegungen werden möglicherweise dem immer härteren Handeln des Staates ausweichen. Allerdings wird es dann eine Frage der finanziellen Möglichkeiten sein. Aber das war Sozialarbeit schon immer. Ich kann mir auch vorstellen, dass die Selbsthilfe Bewegungen von Armutsbetroffenen, von Strafentlassenen, von Langzeitarbeitslosen usw. die Agenden diktieren, wie es ja in den USA in den Städten heute zunehmend passiert.

Es ist ein Zeichen, wenn in der Stadt Los Angeles eine schwarze Sozialarbeiterin Bürgermeisterin wird, was niemand erwartet zu haben scheint. Amerikanische Städte verfolgen quasi keine „Sozialpolitik" mehr. Sie müssen sich auf kirchliche und freiwillige Troubleshooter verlassen, um die verelendeten Menschen aufzufangen. Doch – so höre ich – immer mehr

Steuerzahler/innen sind damit unzufrieden. Sie wollen wieder einen Staat, eine Stadt, die Verantwortung trägt, steuert, plant, aktiv ist.

Falls der Staat schwach oder nicht existent ist, füllt sich die Machtlücke mit andern Kräften. Es ist einfach zu hoffen, dass es positive konstruktive Kräfte sind. Ich fürchte Entwicklungen, wie etwa Gangs und destruktive Looserkompanien, wie es ja z.T. in ausländischen Grossstädten mit Schrecken erlebt wird oder aber rechtsextreme Gruppen, die sich selbst zum Staat erklären mit eigenen Spielregeln. Sie erklären „ihren" Staat zu einem sehr gewaltbereiten Staat .Ihr oberstes Gebot ist Nationalismus und Unterwerfung unter ihr Diktat.

Ich bin auch überzeugt, dass, je ruinöser der Steuerwettbewerb wird, viele Gemeinden nicht mehr mithalten können und bestandene Einrichtungen geschlossen werden müssen. Obdachlosigkeit könnte sich schnell wieder breit machen. Da könnten dann paradoxerweise jene Kommunen punkten, die gute Lebensqualität für alle bieten und soziale Sicherheit garantieren, gerade weil sie ihre Steueransätze nicht über die Schmerzgrenze gesenkt haben. Schon heute zeigen sich solche überraschenden Entwicklungen ab.

Ich nehme an, dass sich auch neue Trägerschaften für professionelle Sozialarbeit entwickeln werden. Einerseits denke ich an genossenschaftlich organisierte Einrichtungen und Betriebe, andererseits an Sozialunternehmen, wo selbständig tätige Fachleute ihre Kompetenz vermieten oder an Einzelne, an Gemeinden oder andere Stakeholder, die nicht auf deren Wirkung verzichten wollen, einkaufen. Das kann eine sehr herausfordernde aber auch kreative Entwicklung werden. Wichtig scheint mir da natürlich die Berufsethik zu sein und zu bleiben. Damit Sozialarbeit nicht beliebig „vermarktet" wird, brauchen wir wirklich alle Regeln der Kunst, Professionalitätsstandards, Qualitätslabel, die auch die ethische Dimension einbeziehen.

Ich bin auch optimistisch, dass der Careteil der sozialen Sicherheit einen bedeutend höheren Stellenwert bekommen wird.

Für die **MATERIELLE, SOZIALE SICHERHEIT** bin ich weniger optimistisch. Solange wir sie an der Lohnarbeit festmachen und diese systembedingt gegen Null reduziert werden soll, werden die Ressourcen immer knapper, die über die Lohnprozente angespart werden können. Da zurzeit die Ideologie herrscht, keine Steuern für gar nichts Soziales, wird es immer knapper werden, dass Renten und Sozialleistungen angemessen ausgerichtet werden. Deshalb wird es eine gespaltene Sicherheit geben: Für die Reichen, die sich kaufen können, was sie brauchen und für die nicht Kaufkräftigen, die sich durchwursteln müssen. Ich bin überzeugt, dass das volkswirtschaftlich grossen Schaden bringen wird. Das wird man aber erst merken, wenn schon viel Schaden angerichtet worden ist.

Gemeinwohlökonomie und Careökonomie
Die Themen Garantiertes Existenzminimum, Gemeinwohlökonomie und Careökonomie fristen noch ein Nischendasein und werden offiziell als Spinnereien abgetan. Im Laufe des 21. Jahrhunderts könnten sie aber zu Rettungsankern werden. Wenn die Finanzwirtschaft das nächste Mal kollabiert respektiv implodiert, wird sie nicht mit staatlichen Rettungsaktionen schnell wieder auf die Beine kommen. Das zum Mindesten prognostizieren namhafte Ökonomen.

Für die Makroebene – das gebe ich zu – bin ich zurzeit extrem pessimistisch. Wir vergeuden unsere endlichen Ressourcen in den Schlund des militärisch-industriellen Komplexes wie vor 50 Jahren. Billionen von Dollars und Euros fliessen in die Zerstörung der Welt. Da scheint – wissenschaftliche Erkenntnisse hin oder her – nicht zu stoppen zu sein. Die Menschen scheinen einen Hang zur Selbstdestruktion zu entwickeln, der den Planeten zerstört und sie selbst dann irgendwann mit. Dass die militärische Sicherheit noch immer verstanden wird als Anzahl Waffen, Bomben und Panzer ist ganz einfach infantil. Die Menschheit hat eine Geschichte und wenn man sie auch nur auf die letzten 150 Jahre fokussiert, stellt man fest, dass Rüstung gar nichts bringt. Kein Krieg wurde mehr „gewonnen", aber Millionen von Menschen getötet und Städte, Häuser und die Zukunft von vielen zerstört. Wenn es schon abartig ist, dass kollektiver Selbstmord akzeptiert ist, dann ist es nicht mehr zu beschreiben, was Menschen bewegen kann, diesen kollektiven Selbstmord gleich mehrfach zu planen.

Ich habe im Moment keinerlei Vertrauen in die sogenannten Grossen dieser Welt. Sie sind Narzissten und ihnen ist zuzutrauen, dass sie ihr Ende, das ja unweigerlich auch für sie kommt, mit einem destruktiven Finale für viele verbinden werden. Unsere Profession, unser Einsatz für Menschenrechte, unser Appell für Frieden und Gerechtigkeit und Bewahrung der Schöpfung, wie wir das vor 50 Jahren lautstark auf den Strassen gefordert haben, können diese im Grössenwahn Gefangenen ganz offensichtlich nicht erreichen.

Vision für das 21. Jahrhundert

Für meine Vision für das 21. Jahrhundert, so wünsche ich mir ein „Jus solis" für alle Menschen. Dort, wo sie geboren werden, dürfen sie sein, haben sie ein Recht zu bleiben und der Staat oder – wenn es ein "failed state" ist, wie ja leider zunehmend – die internationale Gemeinschaft sichert ihnen ein Existenzminimum zu, von dem sie bescheiden, aber menschenwürdig leben können. Alles, was die Menschen an zusätzlichen Mitteln erringen können, ist natürlich wunderbar. Aber es gibt keine Jagd und keine Hetze mehr gegen Andersgläubige, Andersfarbige, gegen Arme. Das würde die Migrationsströme, ihr Elend, die damit verbundenen bürokratischen Kosten eindämmen und die Welt würde gerechter und friedlicher. Naiv? Vielleicht. Sicher aber so

„realistisch", wie die Welt heute ist, mit ihren Strömen von gigantischen, unkontrollierbaren Kapitalflüssen einerseits und Massen von Verfolgten, von Kriegsflüchtlingen und Verhungernden andererseits. Die Welt der Superreichen wird immer unsicherer, weil sie sich zu Tode fürchten: Sie werden einmal, ohne einen Rappen zu besitzen, sterben. Die Gier, die unseren Planeten kaputt macht, würde vielleicht etwas reduziert und wir könnten uns einrichten mit dem, was wir haben, ohne wie blöd nach immer mehr zu jagen, das wir nicht brauchen. "Vision, ist die andere Möglichkeit zu sehen", sagt Johan Galtung. Ich begegnete ihm als junge Frau persönlich und konnte mit ihm debattieren. Er beeindruckte und prägte mich.

Schreiben

Ich habe immer geschrieben. Schreiben war für mich die Form, mich wieder zu besinnen, vom vielen Reden und Argumentieren zur Stille zu kommen, mich zu konzentrieren, etwas in Ruhe durchzudenken und auf den Punkt zu bringen. Zum Jahresende fasste ich Texte in ein Heft und verschenkte sie an Menschen, die mich begleiteten. Ich wollte aber nie Literatur publizieren, solange ich im Amt war. Jetzt aber, nach der Pensionierung, kann ich realisieren, was mich als junge Frau fast dazu brachte, Literatur statt Sozialarbeit zu studieren. Noch an der Uni Fribourg schlich ich mich, wenn der Zeitplan es erlaubte, in die Vorlesungen über neuere Literatur oder über Lyrik. Jetzt schreibe, publiziere ich und freue mich über den Austausch bei Lesungen. Das Gelingen, mit meinen Gedanken viele Menschen zu erreichen, ist ein „Altersgeschenk", glaube ich.

So hoffe ich, dass auch dieses Lesebuch für die einen oder andern eine Gelegenheit ist, eine Debatte auszulösen.

Meine Masterarbeit[21] in angewandter Ethik schloss ich 2008 mit dem folgenden Text ab, den ich hier gern – zehn Jahre später – nochmals festhalte:

„Die ethischen Prinzipien, die meine politische Arbeit in vielen Jahren begleitet haben, hatten keine klaren Namen. Dennoch prägten sie meine Haltung, mein Handeln intuitiv. Reflexion geschah vor allem im argumentativen, politischen Diskurs. Ich habe jetzt meine Argumente neu reflektiert und geprüft und stelle sie in Relation zu den Erfahrungen. Ich habe viel gelernt und bin motiviert weiterzuarbeiten. Die ethischen wie die politischen Herausforderungen einer solidarischen Gesellschaft mit der Option "Gutes Leben für alle" bleiben bestehen. Ich darf am Schluss der Arbeit wiederholen und bestätigen, was ich 2007 formuliert habe:

„MENSCHENRECHTE UND MENSCHENPFLICHTEN SIND UNIVERSAL GÜLTIG; BILLIGER IST IM MOMENT ZUKUNFT NICHT ZU HABEN!"

Zitierte Literatur

Avenir social Hrsg,: **WIR HABEN DIE SOZIALE ARBEIT GEPRÄGT,** Zeitzeuginnen und Zeitzeugen erzählen von ihrem Wirken seit 1950, Bern Haupt, 2011

BERUFSKODEX, Soziale Arbeit Schweiz, ein Argumentarium für die Praxis der Professionellen, AvenirSocial, Bern 2010

CADUFF, Raymond: Schweizer Sozialhilfe auf dem Prüfstand. Eine kritische Analyse aus sozialethischer Perspektive, Diss. Zürich/Chur 2007, Rüegger Verlag, 181 Seiten

FIT FÜR DIE ZUKUNFT, Kommunale Sozialpolitik im Wandel. Die Neuorganisation des Sozialreferates der Landeshauptstadt München, München 2004, 99 Seiten

GORDON, Thomas: Familienkonferenz, Die Lösung von Konflikten zwischen Eltern und Kind, Heyne Verlag, 1970, 384 Seiten

MERKEL, Wolfgang: Soziale Gerechtigkeit und die drei Welten des Wohlfahrtskapitalismus, in: Berliner Journal für Soziologie 2/2001

MURER, Erwin: Einführung in das schweizerische Recht der öffentlichen Sozialhilfe, Universität Freiburg/CH, Manuskript 2008, 94 Seiten

NUSSBAUM, Martha C: Die Natur des Menschen, seine Fähigkeiten und Tätigkeiten: Aristoteles über die distributive Aufgabe des Staates in: Gerechtigkeit oder das gute Leben, Edition Suhrkamp, Gender Studies, Frankfurt am Main, 1999, p. 86-130

PRAETORIUS INA: Die Welt: ein Haushalt. Texte zur theologisch-politischen Neuorientierung, Mainz, Grünewaldverlag, 2002

RENZ, Ursula, **BLEISCH,** Barbara (Hrsg.): Zu wenig, Dimensionen der Armut, Zürich, Seismo Verlag, 2007, 296 Seiten

ROTH, Thomas: Soziale Arbeit im Spannungsfeld zwischen Integration und sozialer Kontrolle am Beispiel des sozialen Integrationsauftrages der öffentlichen Sozialdienste, Eigenverlag, 2008.

SCHÄRER, Pia Gabriel, **SCHMOCKER,** Beat (Hrsg.) «Soziale Arbeit bewegt, stützt, begleitet» Publikation zum 100 Jahr Jubiläum, 2018

STOCKER, Monika: Das Grundrecht auf Existenzsicherung in der Sozialhilfe, eine Interpretation. Masterarbeit Nachdiplomstudiengang 2007-2008, Master of Advanced Studies in Applied Ethics (MAE), 2008, 50 Seiten

Publikationen Edition Sozialpolitik

Nr. 1 **NEUE ARMUT – STRATEGIEN UND MASSNAHMEN**
Sozialberichterstattung 1995

Nr. 2 **UMBAU DER SOZIALEN SICHERUNG – FÜR DIE SOZIALPOLITIK DER ZUKUNFT**
Positionen und Perspektiven des Sozialdepartements
der Stadt Zürich 1997

Nr. 3 **SOZIALE INTEGRATION IM STÄDTISCHEN UMFELD**
Positionen und Perspektiven des Sozialdepartements
der Stadt Zürich 1999

Nr. 4 **LERNEN AUS DEN 90ER JAHREN**
Plädoyer für eine zukunftsfähige Sozialpolitik
Sozialdepartement der Stadt Zürich, 2000

Nr. 5 **VOLKSWIRTSCHAFTLICHER NUTZEN VON KINDERTAGESSTÄTTEN**
Büro BASS im Auftrag des Sozialdepartements der Stadt Zürich

Nr. 6 **ZUKUNFTSFÄHIGE STÄDTISCHE SOZIALPOLITIK, MODELL ZÜRICH**
Motivation, Zielsetzung und Stand der Neuorganisation
des Sozialdepartements der Stadt Zürich, 2001

Nr. 7 **IN MENSCHEN INVESTIEREN**
Rolle und Hauptaufgaben des Sozialdepartements der
Stadt Zürich, 2001

Nr. 7 **ANSTALTSEINWEISUNGEN, ZWANGSMASSNAHMEN „EUGENIK" UND
PSYCHIATRIE IN ZÜRICH** zwischen 1890 und 1970, 2002

Nr. 8 **DER CHANGE ZU EINER MODERNEN, ÖFFENTLICHEN SOZIALEN HILFE**
Werkstattbericht, Sozialdepartement Zürich,
Edition Sozialpolitik Nr. 8, 2003

Nr. 9 **DAS ZÜRCHER ASYLMANIFEST**
Perspektiven einer neuen Migrationspolitik,
Edition Sozialpolitik Nr. 9, 2003

Nr. 10 **GESCHICHTEN AUS DEM ANDERN ZÜRICH**, 2003

Nr. 11 **NEUE PERSPEKTIVEN IN DER ARBEITSINTEGRATION**
Plädoyer für eine andere Rentabilitätsrechnung, 2005

Nr. 12 **DIE NEUAUSRICHTUNG DER SOZIALEN DIENSTE DER STADT ZÜRICH – EIN RÜCKBLICK**
Sozialdepartement, 2005

Nr. 13 **DAS SOZIALE RENTIERT, EINE VOLKSWIRTSCHAFTLICHE KOSTEN-NUTZENANALYSE DER BEDARFSLEISTUNGEN,** 2006

Nr. 14 **SOZIALPOLITIK IM PARADIES**
Analyse und Visionen – Beiträge zur Debatte 2007

Edition –Sozialstatistik
Nr. 1 **SOLIWORK, BESCHÄFTIGUNGSPROGRAMME FÜR AUSGESTEUERTE LANGZEITARBEITSLOSE,** Evaluationsbericht, 1996

Nr.2 **BEGINN UND ENDE DES SOZIALHILFEBEZUGS**
Neubezüger/Innen und Sozialhilfeempfänger/innen des Fürsorgeamtes der Stadt Zürich 1993-1995, 1997

Nr. 3 **SOLIWORK – SOZIALE INTEGRATION UND SOZIALHILFEABLÖSUNG DURCH ERWERBSTÄTIGKEIT,** Wirkungsanalyse des Stadtzürcher Beschäftigungsprogramms für Langzeitarbeitslose, 1997

Edition Sozialpraxis
Nr.1 **FALLSTEUERUNG**
Hintergründe und Praxis eines zukunftsfähigen Modells, 2005

Alle Publikationen zu beziehen: beim Sozialdepartement Zürich

Publikationen/Belletristik
ANNA UNTERWEGS
Leben in Variationen, Edition bücherlese, 2017, 150 Seiten

ALLES HAT SEINE ZEIT
ein Lesebuch zur Hochaltrigkeit,
tvz Theologischer Verlag Zürich, 2015, 128 Seiten

„HE, DICH KENNE ICH DOCH"
Agendanotizen, Limmat Verlag Zürich, 2010, 128 Seiten

ICH BIN DOCH DAS OFFENE FELD - GEDICHTE
eFeF Verlag, Wettingen, 2011, 127 Seiten

NUN MUSS ICH SIE DOCH ANSPRECHEN
Zürcher Stadtmeditationen, tvz Theologischer Verlag Zürich, 2014, 143 Seiten

Lee Li I Photography

Monika Stocker, geboren 1948, ist Sozialarbeiterin und Politikerin. Sie war Nationalrätin (1987-1991) sowie Vorsteherin des Zürcher Sozialdepartements (1994-2008)

Texte: Monika Stocker
Lektorat: Dagmar Hofmann, Franziska Arnold & Hanna Hofmann
Titelbild & Grafik: Eva-Maria Grütter, grafikeria.ch
ISBN 978-3-033-06953-4.
1. Auflage November 2018
Herausgeber: Atelier Monika Stocker
Urheberrecht bei Monika Stocker